Äpfel, Birnen & Quitten

Kathrin Salzwedel/Ramin Madani

ÄPFEL, BIRNEN & QUITTEN

Herzhaftes und Süßes
für Herbst und Winter

Jan Thorbecke Verlag

VERLAGSGRUPPE PATMOS

PATMOS
ESCHBACH
GRÜNEWALD
THORBECKE
SCHWABEN
VER SACRUM

Die Verlagsgruppe
mit Sinn für das Leben

Für Kenzo

MIX
Paper | Supporting responsible forestry
FSC® C084698

Klimaneutral
Druckprodukt
ClimatePartner.com/14549-2003-1001

Die Verlagsgruppe Patmos ist sich ihrer Verantwortung gegenüber unserer Umwelt bewusst. Wir folgen dem Prinzip der Nachhaltigkeit und streben den Einklang von wirtschaftlicher Entwicklung, sozialer Sicherheit und Erhaltung unserer natürlichen Lebensgrundlagen an. Näheres zur Nachhaltigkeitsstrategie der Verlagsgruppe Patmos auf unserer Website www.verlagsgruppe-patmos.de/nachhaltig-gut-leben

Verlagsgruppe Patmos in der Schwabenverlag AG, Ostfildern
www.thorbecke.de

Gestaltung: Finken & Bumiller, Stuttgart
Fotos: Kathrin Salzwedel
Druck: PNB Print Ltd, Silakrogs
Hergestellt in Lettland
ISBN 978-3-7995-1559-7

INHALT

VORWORT

Der Spätsommer beziehungsweise der Frühherbst hält jedes Jahr aufs Neue Einzug in unsere Lande und damit wird es Zeit für die Ernte vieler Obstsorten, aus denen sich allerlei Leckeres zaubern lässt. Wir haben uns für unser Buch für beliebtes Kernobst entschieden, das in Deutschland heimisch ist, gut gedeiht und fast überall und teilweise ganzjährig zur Verfügung steht: Äpfel, Birnen und Quitten.

Alle drei Obstsorten gehören zu den Rosengewächsen, was sie uns je nach Sorte auch noch geschmacklich und vom Aroma her erkennen lassen.

Der Apfel ist deutschlandweit eine der beliebtesten und am meisten konsumierten Obstsorten. Es gibt unzählige Sorten, die für den direkten Verzehr, für die Weiterverarbeitung und/oder sogar für das Keltern und Brennen geeignet sind. Ähnlich verhält es sich mit der Birne. Von ihr gibt es ebenfalls sehr viele Sorten mit unterschiedlichen Formen und Farben. Sie ist für empfindliche Mägen aufgrund der geringeren Menge an Fruchtsäuren besser geeignet als der Apfel und die Quitte.

Letztere hatte in den letzten Jahrzehnten etwas an Bedeutung verloren, was vermutlich an ihrem harten Fruchtfleisch, der fehlenden Süße und den adstringierenden Eigenschaften liegt. Seit einigen Jahren erfährt sie aber dank ihres einzigartigen Aromas eine Art Renaissance in der Küche und bei der Herstellung von Fruchtgetränken und fruchtigen Schaumweinen.

Mit diesem Buch möchten wir unseren Leser:innen eine Auswahl an süßen und herzhaften Rezepten mit Äpfeln, Birnen und Quitten an die Hand geben, die wir selbst gerne zubereiten und die auch leicht nachgemacht werden können. Manche der Rezepte sind bekannte Klassiker, andere Rezepte wiederum sind nicht so bekannt und überraschen mit neuen Aromen und Geschmackskombinationen. Hier ist bestimmt für jeden etwas dabei.

Viel Freude beim Ausprobieren!
Kathrin + Ramin

TIPPS & WISSENSWERTES …

… ÜBER ÄPFEL

Der Kulturapfel, wie wir ihn kennen, stammt aus der Familie der Rosengewächse (*Rosaceae*) und hat seinen Ursprung im Prinzip in einer Kreuzung mehrerer ursprünglicher Wildapfelsorten. Dabei geht man davon aus, dass sich die Frucht im Gebiet des Mittleren Ostens als Kulturapfel entwickelte. Viele Hinweise sprechen für eine Kultivierung der Frucht seit über 4000 Jahren in diesem Gebiet (Orient, Kaukasus).
Der Apfel wird bei uns als Tafelapfel (Tafelobst) sehr geschätzt. Auf diesen Bereich entfällt auch der Hauptanteil der Ernte. Auch die Weiterverarbeitung zu Apfelsaft spielt eine wichtige Rolle; dessen Konsum ist in Deutschland wie auch in Österreich und der Schweiz sehr hoch. Er liegt in Deutschland jährlich bei etwa 12 Litern pro Kopf. Die weltweite Apfelproduktion beträgt fast 90 Millionen Tonnen pro Jahr und ist damit etwa viermal so hoch wie die Produktion von Birnen. Größtes Anbauland ist dabei mit fast 50 Prozent der Jahresmenge eindeutig China. In Europa liegen Italien, Frankreich und Polen auf den vorderen Platzen, vor allem die Po-Ebene in Italien und Nordwestfrankreich (Normandie). In Deutschland sind die Region rund um den Bodensee, die Wetterau und natürlich das „Alte Land" für den Apfelanbau bekannt.
Äpfel sind eine sehr gesunde, kalorienarme und leicht erhältliche Energiequelle mit positiven Eigenschaften für den Organismus. Sie enthalten neben 85 Prozent Wasser beispielsweise Vitamin C, Kalzium, Kalium und Magnesium.
In vielen Kulturen spielt der Apfel zudem als Symbol eine wichtige Rolle: Als Zeichen der Liebe und Fruchtbarkeit war er zahlreichen Liebesgöttinnen, z. B. der griechischen Göttin Aphrodite, zugeordnet. Die Insel Avalon aus der Artussage führt ihren Namen ebenfalls auf den Apfel zurück und gilt dort als Wohnort der heilkundigen Morgan le Fay. Wie wichtig der Apfel in Europa ist, zeigt sich zum Beispiel in den vielen Gemälden vom biblischen „Baum der Erkenntnis", der als Apfel-

baum dargestellt wird. Es war Adam und Eva verboten, von diesem zu essen, und ihr Verstoß gegen das Verbot führte zur Vertreibung aus dem Paradies. Obwohl in der Bibel nur allgemein von einer Frucht die Rede ist, wurde in der westlichen Welt ganz selbstverständlich angenommen, es habe sich dabei um einen Apfel gehandelt. Auch als Symbol einiger Firmen und als Bestandteil von Orts- oder Familiennamen taucht der Apfel immer wieder auf.

Äpfel in der Küche

Äpfel können sehr vielseitig kulinarisch eingesetzt werden. Sie eignen sich beispielsweise für Apfelkompott, Apfelmarmelade, Apfelgelee, Apfelmus, Apfelkraut, Bratäpfel, Backwaren, Desserts, Salate, Fruchtsalate, Trockenobst, Apfelsaft, Apfelmost, Cidre, Apfelwein, Calvados, Obstbrände etc.

Erntezeit

Man unterscheidet je nach der Verwendung zwischen Most- und Tafeläpfeln. Sorten wie der Klarapfel und Jakob Fischer sind teils schon im Juli/August erntereif. Andere Sorten wie der Glockenapfel werden zum Beispiel erst später im Jahr geerntet, sind aber aufgrund verschiedenster Eigenschaften lagerfähig und reifen nach. So können das ganze Jahr über Äpfel im Handel angeboten werden.

Die Blüte der Bäume beginnt im Mai und hat sich in den letzten Jahrzehnten im Mittel um zwei Wochen vorverlagert. Dies liegt unter anderem an der klimatischen Veränderung in Mitteleuropa.

Sorten

Es gibt allein in Deutschland etwa 1500 unterschiedliche Apfelsorten; weltweit sind es mindestens 20.000 Sorten. Die einzelnen Sorten unterscheiden sich deutlich in ihrem Zuckergehalt, Säurewert, Vitamin-C-Gehalt, der Farbe des Fruchtfleisches und dessen Konsistenz.

Nur wenige dieser Sorten sind bei uns verbreitet und nur ca. 60 Sorten sind im Anbau von größerer Bedeutung. Unbekanntere Sorten können vor allem regional in Gärten und auf älteren Streuobstwiesen vorgefunden werden. Die in Deutschland bzw. in Europa am häufigsten an-

gebauten Sorten sind Golden Delicious, Jonagold und Red Delicious. Diese drei Sorten machen einen Anteil von 70 Prozent der europäischen Erntemenge aus. Weitere wichtige Sorten sind Gala, Granny Smith, Elstar, Cox Orange, Goldparmäne, Gewürzluiken, Idared (enthält wenig Zucker), Gravensteiner und der Schöne von Boskop.

Wo bekomme ich Äpfel?

Äpfel können nahezu überall erworben werden, im Einzelhandel ebenso wie auf Bauern-, Wochen- oder Fruchtmärkten, in Hofläden und direkt beim Erzeuger.

... ÜBER BIRNEN

Die Birne ist wie der Apfel ein Kernobstgewächs aus der Familie der Rosengewächse (*Rosaceae*). Ihren Ursprung hat die kultivierte Form in der Gegend in und um China sowie in Kleinasien. Die bei uns verzehrten und verwendeten Sorten stammen dabei eher aus dem Raum des Vorderen Orients, die in Asien geschätzten Sorten wohl eher aus China.
Die Weltjahresernte beläuft sich auf etwas über 20 Millionen Tonnen. Dabei entfällt der größte Teil der Ernte und der Anbaufläche mit ca. 70 Prozent auf China. In Europa ist Italien mit etwa 600.000 Tonnen Spitzenreiter. Die Schweiz und Deutschland bringen es zusammen etwa auf die gleiche Erntemenge wie Österreich, das heißt ungefähr 70.000 Tonnen.

Birnen in der Küche
Birnen können beim Verarbeiten sehr ähnlich wie Äpfel eingesetzt werden. Sie eignen sich beispielsweise zur Herstellung von Fruchtaufstrichen, zum Rohverzehr, als Trockenobst in Müslis und Trockenfruchtmischungen, für Kompotte, Schaumweine, Fruchtsäfte, Pürees, Smoothies, Obstbrände, Liköre, herzhafte Speisen wie Bohnen, Speck und Birnen etc.

Erntezeit
Je nach Sorte blühen Birnbäume zwischen April und Mai; die Früchte können dann zwischen Juli und Oktober geerntet werden. Die meisten Sorten sind nur begrenzt lagerfähig.

Sorten
Je nach Erntezeit, Lagerfähigkeit oder Art der Verwendung unterscheidet man zum Beispiel in Sommer-, Herbst- und Winterbirnen, aber auch in Speise-, Most- und Dörrbirnen. Insgesamt gibt es etwa 5000 Birnensorten. Die häufigsten in der Europäischen Union in großem Maßstab geernteten Sorten sind: Abate Fetel, Conference, Williams Christ,

Vereinsdechantsbirne, Kaiser Alexander, Rocha und Clapps Liebling. Einige Sorten wie Stuttgarter Geißhirtle, Palmischbirne oder Rote Pichlbirne eignen sich gut zum Dörren. Dörrbirnen werden mancherorts auch als Kletzen oder Hutzeln bezeichnet.

Wo bekomme ich Birnen?

Birnen lassen sich gut im eigenen Garten kultivieren. Hierbei sind vor allem die Sorten Gute Graue, Gellerts Butterbirne, Gräfin von Paris, Alexander Lucas, Williams Christ, Uta, Clapps Liebling und Köstliche von Charneux verbreitet. Ansonsten bekommt man die Früchte in größeren Supermärkten. Leider ist hier die Auswahl der Sorten relativ klein. Vor allem Conference, Abate Fetel und Williams Christ werden angeboten.

Wer in den Geschmack besonders aromatischer Birnen kommen möchte, sollte vermehrt Wochenmärkte und regionale Hofläden aufsuchen. Dort werden verschiedenste, teils sehr gute Birnensorten ihrer Erntezeit/Nachreifezeit entsprechend angeboten.

... ÜBER QUITTEN

Die Quitte gehört ebenso wie der Apfel und die Birne zu den Kernobstgewächsen und ferner zu den Rosengewächsen (*Rosaceae*). Sie hat ihren Ursprung in Transkaukasien. Dort gibt es Nachweise/Berichte über die Frucht, die ca. 4000 Jahre alt sind. Von dort aus verbreitete sich die Quitte über Persien, die Türkei und Griechenland in Richtung Mitteleuropa, wo vermutlich auch die ersten Kultivierungen stattfanden. Der schöne Baum mit den hübschen gelben Früchten ist in Deutschland nicht so weit verbreitet wie in anderen Ländern des Mittelmeerraumes und in Asien. Der Name der Frucht leitet sich indirekt von der auf Kreta gelegenen Stadt Chania (Cydonia) ab.

Viele Menschen haben die Früchte schon von Oktober bis November in Gärten oder Weinbergen an den Bäumen hängen sehen. Die bei uns landläufig vorkommenden Sorten sind aufgrund ihrer Bitterstoffe, Gerbstoffe und Tannine weniger gut zum Rohverzehr geeignet. Es gibt aber auch Sorten, die süß schmecken und sich ausgezeichnet direkt roh verzehren lassen. Hauptanbaugebiet ist mit über 25 Prozent der Weltproduktion die Türkei. Die jährliche Menge der weltweiten Ernte beträgt etwa zwischen 600.000 und 700.000 Tonnen.

In der Verwendung der Früchte gibt es starke regionale Unterschiede. So werden zum Beispiel in Vorderasien die Früchte gerne auch als Obst verzehrt. Ebenso werden sie eingelegt oder zu Chutneys und Eintopfgerichten verarbeitet. In Ländern des Mittelmeerraums wie zum Beispiel in Portugal finden sie besonders bei der Zubereitung von Süßem und Gebäck Verwendung. Unser Wort Marmelade leitet sich von dem portugiesischen Wort *marmelo* für Quitte ab. Bei uns in Deutschland hingegen werden die Quitten gerne als Beigabe zur Pressung von Apfelsäften gegeben. Auch das Quittengelee ist in den Regalen der Supermärkte und in Ladengeschäften zu finden und hat für Liebhaber einen hohen Stellenwert als morgendlicher Brotaufstrich. Außerdem werden Liköre, Schnäpse und Schaumweine hierzulande aus der Quitte hergestellt.

Das Tolle an der Frucht und die Eigenschaft, die sie so beliebt macht, ist der Duft der Früchte, der nahezu unverwechselbar ist. Er setzt sich aus über 80 verschiedenen Duftstoffen zusammen und verleiht diesem Rosengewächs seinen genialen und einzigartigen Geschmack. Die schöne gelbe Farbe kommt u. a. von dem in der Frucht enthaltenen Quercetin und trägt mit Sicherheit auch zum Interesse an diesem Kernobst bei. Quitten enthalten vor allem Kalium, Eisen, Mangan, Natrium und Vitamin C.

Quitten in der Küche

Quitten müssen im Regelfall für den Verzehr gekocht werden und eignen sich besonders für Marmeladen, Gelees, Quittenbrot, Quittenmus, süßes und herzhaftes Gebäck, Chutneys, Eintöpfe, Obstsalate, Schaumweine, Liköre, Schnäpse, Säfte, Erfrischungsgetränke, Sirupe und Mixed Pickles.

Erntezeit

Die Blüte ist vorwiegend in den Monaten Mai bis Juni und die Ernte je nach Sorte in den Monaten September bis November.

Sorten

Es gibt über 700 Quittensorten, von denen die meisten zufällig und nicht durch gezielte Kreuzungen entstanden sind, beispielsweise die Portugiesische Birnenquitte, die Baumwollquitte und die Fränkische Hausquitte. Generell werden die Früchte des Quittenbaums der Form nach in Apfelquitten und Birnenquitten unterteilt. Auch gibt es verschiedene Kultursorten, die sich in Bezug auf ihren Gerbstoffgehalt/Säuregehalt deutlich unterscheiden. Es gibt auch Sorten, bei denen einzelne Früchte über 1 Kilogramm wiegen.

Wo bekomme ich Quitten?

Quitten findet man teilweise als Wildwuchs vorwiegend in den Bundesländern Rheinland-Pfalz, Baden-Württemberg sowie auch im Rheinland, da sie traditionell häufig in Weinanbaugebieten kultiviert oder angepflanzt wurden. Käuflich kann man sie im Herbst teilweise auf Wochenmärkten oder in Hofläden erwerben. Die süßen Sorten, die frisch als Obst verzehrt werden können, gibt es oftmals in türkischen Lebensmittelgeschäften.

Äpfel

GOOD MORNING SMOOTHIE

Vegan

Für den Frischekick am Morgen.

FÜR 4 PORTIONEN

ZUBEREITUNGSZEIT: 5 MINUTEN

Zutaten
Crushed Ice
150 ml Pflanzenmilch
350 ml Kokoswasser
1 Handvoll Baby-Spinat
1 Apfel
4 Minzblätter
300 g Ananas, gewürfelt, frisch oder gefroren

1.} Das Crushed Ice in vier Gläser verteilen. Alle restlichen Zutaten in einen Mixer geben und glatt pürieren.

2.} Den Smoothie in Gläser füllen und sofort genießen.

Vegan

CHIA-APFEL-FRÜHSTÜCKS-PUDDING

Am besten schon am Abend zubereiten und man hat am Morgen ein schnelles und gesundes Frühstück.

FÜR 2 PORTIONEN

ZUBEREITUNGSZEIT: 15 MINUTEN
RUHEZEIT: MINDESTENS 5 STUNDEN ODER ÜBER NACHT ZIEHEN LASSEN

Chiapudding
25 g Chiasamen
25 g feine Haferflocken
180 ml Hafermilch
+ eventuell mehr
2 EL pflanzlicher Joghurt
+ eventuell mehr

Kompott
3 Äpfel
1–2 TL Vanillezucker
1 TL Zimt
50 ml Wasser oder Apfelsaft

1.} Chiasamen, Haferflocken, Milch und Joghurt in ein Gefäß geben und gut verrühren. Zugedeckt über Nacht oder mindestens 5 Stunden quellen lassen.

2.} Am nächsten Tag, je nach gewünschter Konsistenz, noch etwas Joghurt oder Hafermilch hinzugeben und dann in Gläschen oder Schüsseln verteilen.

3.} Für das Kompott die Äpfel vierteln, schälen und entkernen. Dann die Äpfel in Würfel schneiden und mit dem Vanillezucker, dem Zimt und dem Wasser oder Saft in einen Topf geben. 5 Minuten köcheln lassen.

4.} Das Kompott auf dem Chiapudding verteilen und genießen.

Handmade with Love

KOKOSNUSS-CHIA-OVERNIGHT-OATS

Vegan

Am liebsten essen wir die Overnight Oats nach dem Sport.

FÜR 2 PORTIONEN

ZUBEREITUNGSZEIT: 4 MINUTEN
RUHEZEIT: ÜBER NACHT ZIEHEN LASSEN

Zutaten

50 g Haferflocken
1 EL Chiasamen
1 EL Sesamsamen
140 g Kokosjoghurt + eventuell mehr
80 ml Hafermilch
2 EL Apfelmus (Seite 60)

Zum Garnieren

1 Apfel
1 gelbe Kiwi
Kokosflakes
Hanfsamen

1.} Haferflocken, Chiasamen, Sesamsamen, Kokosjoghurt, Hafermilch und Apfelmus in eine Schüssel geben und gut verrühren. Abdecken und über Nacht in den Kühlschrank stellen.

2.} Am nächsten Morgen nochmals umrühren und eventuell etwas Joghurt hinzufügen.In zwei Schälchen verteilen und mit gestiftelten Äpfeln, Kiwistücken, Kokosflakes und Hanfsamen garnieren.

APFEL-RHABARBER-CRUMBLE

Als Nachtisch, z. B. für eine Gartenfeier ist ein Crumble mit Vanillesauce immer eine leckere Idee.

FÜR 3 PORTIONEN

ZUBEREITUNGSZEIT: 15 MINUTEN
BACKZEIT: 35–40 MINUTEN

Füllung
300 g Äpfel
300 g Rhabarber
2 EL Zucker
1 EL Maisstärke
1 EL Zitronensaft
1 TL Vanille-Extrakt

Crumble
80 g Haferflocken
40 g Zucker
40 g Mandelblättchen
20 g Mehl
45 g kalte Butter + etwas für die Form

Außerdem
1 runde Auflaufform (ca. 18 cm)
Vanillesauce oder Eis zum Servieren

1.} Den Backofen auf 200 °C Ober-/Unterhitze vorheizen. Die Auflaufform fetten.

2.} Für die Füllung die Äpfel schälen, entkernen und würfeln, den Rhabarber waschen, schälen und in 2 cm breite Stücke schneiden. Beide Zutaten mit Zucker, Stärke, Zitronensaft und Vanille mischen. In die Form geben.

3.} Alle Crumble-Zutaten in eine Schüssel geben und mit den Händen gut vermischen. Über die Füllung geben und etwas andrücken.

4.} Im Backofen auf der mittleren Schiene 35–40 Minuten goldbraun backen. Lauwarm mit Vanillesauce oder Eis servieren.

Tipp
Statt Rhabarber passen auch Pflaumen, Quitten oder Kürbis.

APFELMUS-SCHOKOLADEN-MOUSSE-KUCHEN

Wenn Apfel auf Schokolade trifft, können wir nicht widerstehen.

FÜR 1 KUCHEN

ZUBEREITUNGSZEIT: 15 MINUTEN
RUHEZEIT: ÜBER NACHT
BACKZEIT: 20 MINUTEN

Boden

100 g Apfelmus (Seite 60)
50 g brauner Zucker
1 Ei
60 ml Olivenöl
Mark einer Vanilleschote
50 g Ruchmehl
2 EL gemahlene Haselnüsse
1 EL Maisstärke
1 EL Kakaopulver
¼ TL Backnatron
1 Prise Salz

Schokoladenmousse

170 g Zartbitterschokolade
250 ml gekühlte (pflanzliche) Sahne
1 gemahlene Nelke
1 Prise Salz

Außerdem

Springform (22 cm)

1.} Den Backofen auf 180 °C Ober-/Unterhitze vorheizen. Eine Springform mit Backpapier auslegen.

2.} Für den Boden Apfelmus, Zucker, Ei, Olivenöl und Vanille in eine Schüssel geben und verrühren. In einer zweiten Schüssel Mehl, Haselnüsse, Stärke, Kakaopulver, Natron und Salz mischen. Die Apfelmusmischung dazugeben und verrühren.

3.} Den Teig in die Form geben und 20 Minuten backen, mit einem Stächen prüfen, ob der Teig fertig ist. In der Form abkühlen lassen und dann aus der Form lösen.

4.} Für die Mousse die Schokolade über dem Wasserbad schmelzen und abkühlen lassen. Die Sahne steif schlagen, bis sie Spitzen bildet. Dann die flüssige Schokolade, die Nelke und das Salz vorsichtig unterheben.

5.} Einen Tortenring mit Pergamentpapier auskleiden und um den Boden legen. Die Schokoladenmousse auf dem Boden verteilen und glatt streichen. Den Kuchen über Nacht kalt stellen. Dann den Tortenring samt Pergamentpapier entfernen.

Tipp

Den Kuchen mit geraspelter Schokolade und Beeren/Früchten der Saison belegen.

APFEL-NUSS-BROT

Vegan

Wir lieben dieses saftige Brot aus Äpfeln und Haselnüssen.

FÜR 2 BROTE

ZUBEREITUNGSZEIT: 30 MINUTEN
GEHZEIT: 2 STUNDEN 50 MINUTEN
BACKZEIT: 30–35 MINUTEN

Zutaten

1 großer Apfel (z. B. Glockenapfel, Topaz, Alkmene, Braeburn)
180 g Haselnüsse
100 g Roggenmehl Type 1150
400 g Dinkelmehl Type 630
1 EL Rohrzucker
12 g Salz
330 ml (veganer) Cidre
10 g frische Hefe

1.} Den Apfel schälen, entkernen und in grobe Würfel schneiden. Die Haselnüsse grob hacken.

2.} Beide Mehlsorten, Zucker, Salz, Nüsse und Äpfel in eine Rührschüssel geben und mischen. Den Cidre und 50 ml Wasser lauwarm erwärmen und die Hefe darin auflösen. Zur Mehlmischung geben und mit dem Knethaken der Küchenmaschine 8 Minuten kneten. Dann die Schüssel mit einer Folie gut abdecken und 10 Minuten bei Zimmertemperatur ohne Zugluft ruhen lassen.

3.} Nun den Teig falten (siehe rechts), dann 20 Minuten ruhen lassen und nochmals falten. Diesen Vorgang noch einmal wiederholen. Dann den Teig abgedeckt 1 Stunde bei Zimmertemperatur ruhen lassen.

4.} Zwei Backbleche mit Backpapier auslegen. Den Backofen auf 230 °C Ober-/Unterhitze vorheizen.

5.} Den Teig auf eine gut bemehlte Arbeitsfläche geben und teilen. Jede Teighälfte zu einer Kugel formen, diese dann etwas flach drücken und mit dem Finger oder dem Ende des Kochlöffels ein Loch in die Mitte drücken. Das Loch soll gute 7 cm Durchmesser haben. Die Teigringe auf die Backbleche geben, mit Mehl bestäuben und abgedeckt 1 Stunde ruhen lassen.

6.} Mit einem Messer jeweils viermal in die Teigoberfläche der Teigringe schneiden.

7.} Die Brote werden nacheinander gebacken. Dazu einen Teigring in die Mitte des Backofens schieben. 1 Tasse Wasser in eine ofenfeste Form geben und mit in den Ofen schieben. Nach 10 Minuten die Ofentüre kurz öffnen und die Temperatur auf 200 °C Ober-/Unterhitze reduzieren. Weitere 20–25 Minuten backen. Kurz vor dem Backende die Ofentüre nochmals öffnen. Mit dem zweiten Brot ebenso verfahren. Die Brote vor dem Anschneiden abkühlen lassen.

Brot falten

Man fasst den Teig mit einer feuchten (!) Hand am Teigrand und zieht ihn vorsichtig in die Höhe. Dann drückt man den Rand vorsichtig in die Mitte des Teiges. Dieser Vorgang wird rund um den Teig etwa drei- bis viermal von allen Seiten wiederholt. Der Teig bekommt so Struktur und Volumen.

APFEL-ZIMT-CRUMBLE

Nach einem herbstlichen Spaziergang ist dieser Crumble genau das Richtige.

FÜR 4 PORTIONEN

ZUBEREITUNGSZEIT: 10 MINUTEN
BACKZEIT: 40–45 MINUTEN

Zutaten
6 Äpfel
2 EL + 60 g Rohrzucker
1 EL gemahlener Ceylon-Zimt
1 EL Zitronensaft
75 g Haferflocken
90 g Dinkelmehl Type 630
110 g kalte Butterwürfel + etwas für die Form
1 Prise Salz

Außerdem
1 mittelgroße Auflaufform

1.} Den Backofen auf 190 °C Ober-/Unterhitze vorheizen. Eine mittelgroße Auflaufform mit Butter bestreichen und beiseitestellen.

2.} Die Äpfel schälen, entkernen und in Würfel schneiden. Dann in die Form geben und mit 2 EL Zucker, Zimt und Zitronensaft mischen.

3.} In einer separaten Rührschüssel Haferflocken, Mehl, 60 g Zucker, Butter und Salz geben und mit einem Teigmischer alles vermengen. Alternativ könnt ihr auch alles mit den Händen mischen. Nun die Streusel über die Äpfel verteilen und auf der mittleren Schiene 40–45 Minuten goldbraun backen.

Tipp
Crumble werden am besten noch warm serviert.

HONIG-APFELKUCHEN

Ein leckerer Begleiter für Sonntagsausflüge!

FÜR 1 KASTENFORM

ZUBEREITUNGSZEIT: 20 MINUTEN
BACKZEIT: 45 MINUTEN

Zutaten

150 g Äpfel (Boskop, Glockenäpfel, Cox Orange)
1 EL Zitronensaft
40 g Haferflocken
120 g Dinkelmehl Type 1050
1 TL Backpulver
½ TL Natron
1 TL Ceylon-Zimt
3 Eier
100 g Honig oder Ahornsirup
1 TL Bourbon-Vanillepaste
130 ml Sonnenblumenöl
1 Prise Salz
1 Handvoll gehackte Walnüsse

Außerdem

1 Kastenform (25 cm Länge)

1.} Den Backofen auf 200 °C Ober-/Unterhitze vorheizen. Eine Kastenform fetten oder mit Backpapier auslegen.

2.} Die Äpfel waschen, entkernen, grob raspeln und mit etwas Zitronensaft beträufeln.

3.} Die Haferflocken in einem Mixer fein mahlen, mit Mehl, Backpulver, Natron und Zimt mischen.

4.} Die Eier trennen und das Eigelb mit dem Honig und der Vanille cremig aufschlagen. Das Sonnenblumenöl in einem dünnen Strahl unter Rühren dazugeben. Das Eiweiß mit einer Prise Salz sehr steif schlagen. Nun abwechselnd Eiweiß, Mehl und geraspelten Apfel unter die Eigelbmasse heben.

5.} Den Teig in die Kastenform geben, mit Walnüssen belegen und auf der mittleren Schiene ca. 45 Minuten backen. Den Kuchen herausnehmen und auf einem Kuchengitter abkühlen lassen.

APFEL-NEKTARINEN-CRUMBLE

Crumble ist bei uns immer eine willkommene Süßspeise, sei es zum Frühstück oder als Dessert.

FÜR 3 PORTIONEN

VORBEREITUNGSZEIT: 10 MINUTEN
BACKZEIT: 20–25 MINUTEN

Füllung
1 Apfel
2 Nektarinen
2 EL brauner Zucker
1 Prise Vanillepulver

Crumble
4 EL grobe Haferflocken
2 EL gemahlene Haselnüsse
2 EL brauner Zucker
1 Prise Salz
2 EL Butter

Außerdem
3 backfeste kleine Schälchen
etwas Butter für die Förmchen

1.} Den Backofen auf 180 °C Ober-/Unterhitze vorheizen.

2.} Den Apfel schälen, entkernen und in Würfel schneiden. Die Nektarinen entsteinen und dann ebenfalls würfeln. Mit dem Zucker und der Vanille vermischen.

3.} Die Förmchen etwas fetten und dann die Obstmischung gleichmäßig auf die Schälchen verteilen.

4.} Haferflocken, gemahlene Haselnüsse, Zucker und Salz in eine Schale geben und vermischen. Dann die Butter unterkneten. Die Mischung auf den Früchten verteilen und alles im Backofen 20–25 Minuten backen, bis die Früchte weich sind.

Tipp
Den Crumble kann man warm oder kalt genießen. Dazu passen Jogurt, Vanillesauce oder Eiscreme.

Vegan

VEGANE APFEL-MUFFINS

Ein beliebter Wander- und Energiesnack – ideal, um mit einer Tasse heißem Tee die Bergwelt genießen.

FÜR 6 STÜCK

VORBEREITUNGSZEIT: 10 MINUTEN
BACKZEIT: 25–30 MINUTEN

Trockene Zutaten

100 g Dinkelmehl Type 630
50 g gemahlene Haselnüsse
1 TL Backpulver
¼ TL Backsoda
1 Msp. gemahlene Tonkabohne
1 Prise Salz

Feuchte Zutaten

120 g Apfelmus (Seite 60)
70 g brauner Zucker
60 ml Sojamilch oder Hafermilch
2 EL Kokosöl
1 TL Vanille-Extrakt

Außerdem

1 mittelgroßer Apfel
1 Handvoll gehobelte Mandeln (optional)
1 Muffinbackform und 6 Muffinpapierförmchen

1.} Den Backofen auf 180 °C Ober-/Unterhitze vorheizen.

2.} Mehl, gemahlene Nüsse, Backpulver, Soda, Tonkabohne und Salz mischen.

3.} In einer zweiten Schüssel Apfelmus, Zucker, Sojamilch, Öl und Vanille mit einem Schneebesen verrühren. Die trockenen Zutaten hinzugeben und verrühren. Den Apfel schälen, entkernen, in kleine Würfel schneiden und unter den Teig mischen.

4.} Mit Hilfe eines Löffels den Teig in den Förmchen verteilen. Auf Wunsch mit gehobelten Mandeln bestreuen und auf der mittleren Schiene 25–30 Minuten backen. Abkühlen lassen und genießen.

APFELTORTE

Diese Apfeltorte sieht auch mit rotfleischigen Äpfeln toll aus.

FÜR EINE KLEINE TORTE

ZUBEREITUNGSZEIT: 35 MINUTEN
KÜHLZEIT: ÜBER NACHT
BACKZEIT: 15–20 MINUTEN

Dinkelboden
- 125 g Dinkelmehl
- ½ TL Backpulver
- 35 g brauner Zucker
- 65 g Butter

Apfelfullung
- 500 g Äpfel (z. B. Elstar, Boskop, Gala)
- 2–3 EL Zucker
- 1 TL Vanille-Extrakt
- 60 ml Apfelsaft (ohne Zuckerzusatz)
- ½ Pck. Vanillepuddingpulver

Zimtsahne
- 200 ml (vegane) Schlagsahne
- 1 Päckchen Sahnesteif oder ½ TL Maisstärke
- 1 TL Zimt

Außerdem
- 2–3 EL Mandelblättchen
- 1 Springform (20 cm)

1.} Den Backofen auf 180 °C Ober-/Unterhitze vorheizen. Die Springform fetten und den Boden mit Backpapier auslegen.

2.} Alle Zutaten für den Dinkelboden mit 2 EL kaltem Wasser in eine Schüssel geben und verkneten. Den Teig in die Springform geben und festdrücken. Im Backofen 15–20 Minuten backen. 10 Minuten in der Form abkühlen lassen, dann aus der Form lösen und komplett abkühlen lassen. Den Boden auf einen Teller setzen und einen Tortenring umlegen.

3.} Für die Füllung die Äpfel schälen, entkernen und in Spalten schneiden. Zusammen mit dem Zucker, dem Vanille-Extrakt, dem Apfelsaft und 125 ml Wasser in einen Topf geben und aufkochen lassen. Das Puddingpulver mit 5 EL Wasser glatt rühren und in die kochende Flüssigkeit geben. Unter vorsichtigem Rühren aufkochen lassen.

4.} Die Apfelmasse etwas abkühlen lassen und dann auf den Boden geben, glatt streichen und den Kuchen über Nacht im Kühlschrank fest werden lassen.

5.} Am nächsten Tag den Tortenring vorsichtig ablösen. Die Sahne mit dem Sahnesteif und dem Zimt steif schlagen. Die Zimtsahne auf der Apfeltorte verteilen.

6.} Die Mandelblättchen in einer Pfanne ohne Fett goldbraun rösten und dann komplett erkalten lassen. Anschließend über die Zimtsahne streuen und die Torte sofort servieren.

APFEL-KÄSEKUCHEN MIT ZIMTSTREUSELN

Drinnen ist es gemütlich warm und wir genießen Tee mit Kuchen.

FÜR EINEN KUCHEN

ZUBEREITUNGSZEIT: 30 MINUTEN
KÜHLZEIT: 30 MINUTEN
BACKZEIT: 45 MINUTEN

Teig
100 g Dinkelmehl Type 630
75 g Vollkorndinkelmehl
30 g Rohrzucker
85 g kalte Butterwürfel
1 Ei

Streusel
100 g Dinkelmehl Type 630
40 g Rohrzucker
1 TL Zimt
60 g flüssige Butter

Füllung
2 Äpfel
1–2 EL Zitronensaft
500 g Magerquark
1 Pck. Vanillepuddingpulver
100 g Rohrzucker
2 Eier
165 g flüssige Butter

Außerdem
Puderzucker zum Bestäuben (optional)
1 Form ca. 20 × 23 cm

1.} Für den Teig alle Zutaten in eine Schüssel geben und zügig mit den Händen zu einem glatten Teig kneten. In Folie wickeln und 30 Minuten kalt stellen.

2.} Für die Streusel Mehl, Zucker und Zimt in eine Schüssel geben und vermischen. Die Butter dazugeben und mit einem Löffel verrühren, bis Streusel entstehen.

3.} Nun den Backofen auf 180 °C Ober-/Unterhitze vorheizen.

4.} Für die Füllung die Äpfel schälen, entkernen und in Würfel schneiden. Mit etwas Zitronensaft mischen. Den Quark mit dem Puddingpulver, dem Zucker und den Eiern verrühren. Dann die abgekühlte flüssige Butter in einem dünnen Strahl dazugeben.

5.} Den Teig auf einer bemehlten Arbeitsfläche ausrollen und in eine mit Backpapier ausgelegte Form legen. Die Äpfel gleichmäßig auf dem Boden verteilen. Dann die Quarkmasse darübergeben und die Streusel darauf verteilen. Auf der mittleren Schiene ca. 45 Minuten backen.

6.} Den Kuchen abkühlen lassen und vor dem Servieren nach Bedarf mit Puderzucker bestäuben.

FRANZÖSISCHER APFELKUCHEN

Ein Apfelkuchen für gemütliche Tage.

FÜR 1 KUCHEN

ZUBEREITUNGSZEIT: 20 MINUTEN
BACKZEIT: 50 MINUTEN

Zutaten
4 säuerliche Äpfel (z.B. Glockenäpfel, Boskop, Granny Smith)
1 TL Zitronensaft
1 EL Rum
130 g Dinkelmehl Type 630
100 g + 1–2 EL Rohrzucker
2 TL Backpulver
1 Prise Salz
1 Ei
240 ml Hafermilch
200 ml Sonnenblumenöl
1 TL Vanille-Extrakt oder das Mark einer ½ Vanilleschote
2 Eigelb
Puderzucker zum Bestäuben

Außerdem
1 Springform (22 cm)

1.} Als Erstes die Äpfel schälen, entkernen und dann in Scheiben schneiden. Eine Pfanne erhitzen und darin die Äpfel mit dem Zitronensaft und dem Rum etwa 3–5 Minuten weich garen, aber so, dass sie nicht zerfallen. Auf einen Teller geben und abkühlen lassen.

2.} Den Backofen auf 180 °C Ober-/Unterhitze vorheizen. Eine Springform (22 cm) leicht fetten und den Boden und den Rand mit Backpapier auslegen.

3.} In einer Schüssel Mehl, 100 g Zucker, Backpulver und Salz vermischen. Ei, Milch, Ol und Vanille in einer zweiten Schale gut vermischen. Nun die trockenen Zutaten untermischen und dabei nicht zu lange rühren. Von dem Teig etwa eine Tasse entnehmen.

4.} Zum restlichen Teig die 2 Eigelb geben und unterrühren. Dann die Apfelscheiben unterheben, bis sie alle mit Teig überzogen sind. Nun die Teig-Apfelmischung in die Form geben und glatt streichen. Den restlichen Teig gleichmäßig darauf verteilen und mit 1–2 EL Zucker bestreuen.

5.} Auf der mittleren Schienen 50 Minuten goldbraun backen. Auf einem Kuchengitter abkühlen lassen und erst nach vollständiger Abkühlung aus der Form nehmen. Vor dem Servieren mit Puderzucker bestäuben.

APFEL-
HASELNUSSKUCHEN

Dieser lockere Kuchen ist schnell gemacht und der Blickfang auf unserer Kaffeetafel.

FÜR 1 KLEINEN KUCHEN

VORBEREITUNGSZEIT: 10 MINUTEN
BACKZEIT: 1 STUNDE

Zutaten
2 mittelgroße Äpfel
2–3 EL Zitronensaft
170 g weiche Butter + etwas für die Form
150 g Zucker
1 Pck. Vanillezucker
2 Eier (Gr. M)
140 g gemahlene Haselnüsse
½ TL Zimt
150 g Dinkelmehl Type 630 + etwas zum Bestäuben
1 TL Backpulver
1 EL Rum
Puderzucker zum Bestäuben

Außerdem
1 Springform (20 cm)

1.} Den Backofen auf 180 °C Ober-/Unterhitze vorheizen. Eine Springform (20 cm) mit etwas Butter einfetten und mit Mehl bestäuben.

2.} Die Äpfel schälen, vierteln und entkernen. Dann in Spalten schneiden und mit etwas Zitronensaft beträufeln.

3.} Die Butter mit dem Zucker und dem Vanillezucker schaumig aufschlagen, die Eier hinzugeben und alles gut miteinander vermischen. Die Haselnüsse und den Zimt mischen und unter den Teig rühren. Das Mehl mit dem Backpulver mischen, unter den Teig sieben und dann mit dem Rum vorsichtig verrühren.

4.} Die Hälfte der Apfelspalten mit dem Teigschaber unter den Teig mischen und den Teig in die vorbereitete Springform einfüllen. Die restlichen Apfelspalten auf der Teigoberfläche verteilen. Den Apfelkuchen im vorgeheizten Ofen ca. 1 Stunde backen. Nach dem Auskühlen mit Puderzucker bestreuen und servieren.

BRATAPFEL-STREUSELKUCHEN

Diesen köstlichen Klassiker bereiten wir diesmal mit Bratäpfeln zu.

FÜR 1 KLEINE BACKFORM

ZUBEREITUNGSZEIT: 15 MINUTEN
BACKZEIT: CA. 45 MINUTEN

Apfelmasse
500 g Äpfel
65 g weiche Butter
50 g Rosinen
1 TL Zimt
100 g brauner Zucker
1 Ei
50 g gemahlene Mandeln
75 g Dinkelmehl Type 630
1 TL Backpulver

Streusel
30 g Butter
50 g Dinkelmehl Type 630
15 g Zucker
50 g gehobelte Mandeln

Außerdem
1 Backform (20 × 15 cm)

1.} Eine Backform (20 × 15 cm) mit Backpapier auslegen.

2.} Die Äpfel schälen, entkernen und dann würfeln. 15 g Butter in einem Topf erhitzen. Die Äpfel, die Rosinen, den Zimt und 40 g Zucker hinzugeben und die Äpfel weich dünsten. Beiseitestellen und abkühlen lassen.

3.} Den Backofen auf 180 °C Ober-/Unterhitze vorheizen.

4.} Das Ei mit dem restlichen Zucker und der restlichen Butter cremig rühren. Die Mandeln, das Mehl und das Backpulver mischen und unter die Buttermasse rühren. Zum Schluss die gedünsteten Äpfel samt Flüssigkeit unterheben und die Masse dann in die Form geben.

5.} Für die Streusel die Butter zerlassen und mit dem Mehl und dem Zucker zu Streuseln mischen. Die Streusel und die gehobelten Mandeln auf dem Kuchen verteilen und auf der mittleren Schiene backen. Nach etwa 45 Minuten prüfen, ob der Kuchen fertig ist.

Vegan

APFEL-GALETTE

Diese Galette kann vegan zubereitet werden und schmeckt am besten leicht abgekühlt mit etwas (veganer) Sahne.

FÜR 1 GALETTE

ZUBEREITUNGSZEIT: 15 MINUTEN
KÜHLZEIT: 1 STUNDE
BACKZEIT: 40 MINUTEN

Teig
225 g Dinkelmehl Type 1050
½ TL Zitronenabrieb
30–40 g Zucker
1 Prise Salz
1 EL Apfelessig
100 g kalte (vegane) Butter

Füllung
4–5 Äpfel (z. B. Red Moon)
2 EL gemahlene Mandeln
2 EL Zucker

Gewürzsahne
150 ml (vegane) Schlagsahne
1 TL Zucker (optional)
¼ TL Zimt
1 Msp. gemahlene Muskatnuss

Außerdem
1 Ei oder etwas Sojasahne für die vegane Variante
Mandelblättchen

1.} Das Mehl, den Zitronenabrieb, den Zucker und das Salz in eine Schüssel geben und mischen. 2–3 EL kaltes Wasser, den Essig und die Butter in Würfeln dazugeben und alles zügig zu einem glatten Teig kneten. Zu einer Scheibe formen, in Frischhaltefolie wickeln und 1 Stunde im Kühlschrank kühl stellen.

2.} Den Teig nach der Ruhephase zwischen zwei Backpapierlagen ca. 4 mm dünn zu einem Kreis ausrollen. Den Teig mit dem Backpapier auf ein Backblech ziehen.

3.} Den Backofen auf 200 °C Ober-/Unterhitze vorheizen. Nun die Äpfel schälen, entkernen und in dünne Spalten schneiden. Die gemahlenen Mandeln auf dem Teig verteilen und die Äpfel kreisförmig auf dem Teig verteilen, dabei einen 4 cm breiten Rand stehen lassen. Die Äpfel mit dem Zucker bestreuen, den Teigrand nach innen über die Äpfel klappen und leicht andrücken.

4.} Den Rand mit Sojasahne oder Ei bestreichen und mit Mandelblättchen bestreuen. Im Backofen auf der mittleren Schiene 10 Minuten backen, dann die Hitze auf 180 °C reduzieren und 30 Minuten goldbraun backen.

5.} Die Schlagsahne mit dem Zucker (optional), dem Zimt und der Muskatnuss steif aufschlagen und mit der Galette servieren.

KÜRBIS-QUITTEN-APFELMUS

Vegan

Am liebsten verwenden wir das Mus in unserem Porridge, rühren einen Teil in unseren Kuchen oder genießen es als Brotaufstrich.

FÜR ETWA 1 GLAS À 350 ML

ZUBEREITUNGSZEIT: 15 MINUTEN
KOCHZEIT: CA. 40 MINUTEN

Zutaten
600 g Kürbis (z. B. Hokkaido- oder Muskatkürbis)
250 g Quitten
200 g Äpfel
45 g brauner Zucker (optional)
½ TL Zimt
1 Msp. Vanillemark (optional)

Außerdem
heiß ausgespülte Gläser

1.} Kürbis, Quitten und Äpfel waschen, schälen (Hokkaido muss nicht geschält werden), entkernen und klein würfeln. In einen großen Topf geben und mit etwa 200 ml Wasser langsam köcheln lassen, bis die Früchte zerfallen. Hierbei immer wieder umrühren, damit nichts am Boden anbrennt.

2.} Wenn Kürbis, Quitten und Äpfel zerfallen sind, etwas abkühlen lassen und in einen Stand-Mixer geben. Dieser Schritt führt zu einem superglatten Fruchtmus.

3.} Dann die fein pürierte Masse zurück in den Topf geben, Zucker, Zimt und Vanille hinzufügen und unter Rühren 15 Minuten cremig dick einkochen. In heiß ausgespülte Gläser füllen und im Kühlschrank aufbewahren. Das Mus hält sich ca. 2 Wochen im Kühlschrank.

Vegan

SELBSTGEMACHTES APFELMUS

Für rotes Apfelmus eignen sich rotfleischige Äpfel, z. B. Redlove, Roter Mond, Rosette und Baya Marisa.

FÜR 1 GLAS À 500 ML

ZUBEREITUNGSZEIT: 10 MINUTEN
KOCHZEIT: 50–60 MINUTEN

Zutaten
750 g Äpfel (z. B. Boskop, Golden Delicious, Topaz, Rubinette)
1 Prise Zimt (optional)
2 EL Kokosblütenzucker (optional)

1.} Die Äpfel entkernen, mit Schale klein schneiden und in einen großen Topf geben. Etwa 50 ml Wasser dazugeben und die Äpfel mit Deckel langsam köcheln lassen, bis sie weich sind. Dabei immer wieder umrühren, damit nichts anbrennt. Je nach Apfelsorte kann das 20–30 Minuten dauern.

2.} Wenn die Äpfel zerfallen sind, etwas abkühlen lassen und anschließend in einen Hochleistungsmixer geben. Dieser Schritt führt zu einem superglatten Apfelmus. Alternativ könnt ihr auch zum Pürierstab greifen.

3.} Anschließend die pürierte Masse zurück in den Topf geben und nach Belieben würzen. Nun für weitere 30 Minuten unter ständigen Rühren zu einer cremigen, dicken Masse einkochen.

4.} In Gläser abfüllt, ist das Apfelmus für etwa 1 Monat haltbar. Geöffnet hält das Apfelmus 1 Woche im Kühlschrank.

Ball
MASON

APFEL-SELLERIE-SALAT

Vegan

Dieser Salat ist eine tolle Kombination aus Gemüse und Frucht.

FÜR 4 PORTIONEN

ZUBEREITUNGSZEIT: 10 MINUTEN

Salat

1 großer Apfel (z. B. Granny Smith oder Golden Delicious)
1 Bund Stangensellerie
2 Frühlingszwiebeln
30 g geröstete Salz-Mandeln

Dressing

2 EL Apfelessig
5 EL Olivenöl
Meersalz
schwarzer Pfeffer

1.} Den Apfel, den Sellerie und die Frühlingszwiebeln waschen. Den Apfel halbieren, entkernen und in dünne Scheiben schneiden oder hobeln. Den Sellerie in feine Scheiben hobeln. Die Frühlingszwiebeln in dünne Scheiben schneiden. Die Mandeln grob hacken.

2.} In einer großen Rührschüssel Apfel, Sellerie, Frühlingszwiebeln und Mandeln mischen.

3.} Die Zutaten für das Dressing gut mischen und unter den Salat mischen. Abschmecken und nach Belieben mit Salz und Pfeffer würzen.

LINSENSALAT MIT APFEL UND PAPRIKA

Ein Salat, der super zum Mitnehmen geeignet ist.

FÜR 2 PORTIONEN

ZUBEREITUNGSZEIT: 10 MINUTEN
KOCHZEIT: 15–20 MINUTEN

Zutaten
150 g Belugalinsen
½ Apfel
1 grüne Paprika
100 g Fetakäse
1 Handvoll Basilikum

Dressing
2 EL Apfelessig
5 EL Olivenöl
Meersalz
schwarzer Pfeffer

1.} Die Linsen abwaschen und dann in einem Topf mit reichlich Wasser 15–20 Minuten gar kochen. Die Linsen sollen weich sein, aber nicht zerfallen. Anschließend in ein Sieb geben und gut abtropfen lassen.

2.} Den Apfel und die Paprika waschen und entkernen. Apfel, Paprika und Fetakäse in kleine Würfel schneiden. Das Basilikum hacken.

3.} Die Zutaten für das Dressing mit 1 EL Wasser gut vermischen. Nun alle Zutaten für den Salat vermengen. Mit Salz und Pfeffer abschmecken.

KAROTTENSUPPE MIT KARAMELLISIERTEM ZWIEBEL-APFEL-TOPPING

Unsere Lieblingssuppe für kalte Tage!

FÜR 2 PORTIONEN

ZUBEREITUNGSZEIT: 15 MINUTEN
KOCHZEIT: 30 MINUTEN

Zutaten
2 Knoblauchzehen
300 g Karotten
80 g Sellerieknolle
2 EL Olivenöl
1 Lorbeerblatt
3 frische Majoranzweige
2 EL griechischer Joghurt
Meersalz
schwarzer Pfeffer

Topping
1 Zwiebel
Olivenöl zum Anbraten
1 kleiner Apfel
frisch gehobelter Parmesan

1.} Den Knoblauch, die Karotten und den Sellerie putzen und schälen. Den Knoblauch fein hacken, die Karotten und den Sellerie würfeln.

2.} Das Olivenöl in einem Topf erhitzen und den Knoblauch darin anbraten. Die Karotten, den Sellerie und das Lorbeerblatt dazugeben und ebenfalls anbraten. Mit 500 ml Wasser ablöschen und 30 Minuten köcheln lassen.

3.} Das Lorbeerblatt entfernen und die Suppe fein pürieren. Die Majoranblättchen abzupfen. Den Joghurt und den Majoran unterrühren und je nach gewünschter Cremigkeit noch etwas Wasser dazugeben. Die Suppe salzen und pfeffern.

4.} Für das Topping die Zwiebel in feine Ringe schneiden und in einer Pfanne mit Olivenöl anbraten. Den Apfel schälen, entkernen und fein würfeln. Wenn die Zwiebeln gebräunt sind, kommen die Apfelwürfel dazu. Alles 1 Minute anbraten.

5.} Die Suppe in Schälchen verteilen, mit dem Topping, gehobeltem Parmesan und Pfeffer garnieren.

QUINOA-MAIS-APFEL-SALAT

Durch die knackigen Apfelstückchen bekommt der Salat seinen Biss.

FÜR 2 PORTIONEN

ZUBEREITUNGSZEIT: 15 MINUTEN
BACKZEIT: 25 MINUTEN
KOCHZEIT: 25 MINUTEN

Zutaten

150 g Kichererbsen (Dose oder selbst abgekocht)
1 EL Olivenöl
etwa ¼ TL Cayennepfeffer
Meersalz
125 g Quinoa
1 Maiskolben
1 Apfel (z. B. Golden Delicious)
1 kleine Avocado
1 kleines Bund Petersilie
1 Schalotte

Dressing

4 EL Olivenöl
2 TL Honig
1 TL körniger Senf
Meersalz
schwarzer Pfeffer

1.} Den Backofen auf 180 °C Ober-/Unterhitze vorheizen.

2.} Die Kichererbsen gut abwaschen, falls eine Dose verwendet wird, und in einem Sieb trocken schütteln. Auf ein Backblech geben, mit Olivenöl, Cayennepfeffer und Salz vermischen. Anschließend für 25 Minuten im Backofen knusprig rösten.

3.} In der Zwischenzeit die Quinoa unter warmen Wasser gut abwaschen. In einem Topf Wasser zum Kochen bringen und die Quinoa hinzugeben. Auf mittlerer Hitze 20 Minuten garen. In ein Sieb geben und abtropfen lassen.

4.} Den Mais in einem Topf mit kochendem Wasser für 5 Minuten kochen. Etwas abkühlen lassen und dann mit einem Messer die Maiskörner vom Kolben abschneiden. Den Apfel waschen, entkernen und in dünne Scheiben schneiden, die Avocado entkernen und würfeln und die Petersilie fein hacken. Die Schalotte schälen und in feine Ringe schneiden.

5.} Die Zutaten für das Dressing mit 4 EL Wasser in ein Schraubglas geben und schütteln. Mit Salz und Pfeffer abschmecken.

6.} Quinoa, Kichererbsen, Mais, Apfelscheiben, Avocado und Petersilie in eine Schüssel geben und mit dem Dressing vermischen.

KÜRBIS-APFEL-SUPPE

Vegan

An kalten Tagen wärmt uns diese herrlich schmeckende Suppe.

FÜR 2 PORTIONEN ODER 3 VORSPEISEN

VORBEREITUNGSZEIT: 15 MINUTEN
KOCHZEIT: 25–30 MINUTEN

Zutaten

645 g Hokkaido-Kürbis
1 Apfel (100 g)
1 Zwiebel
2 Knoblauchzehen
3 EL Olivenöl
1 TL Kurkuma
600–700 ml Gemüsefond/-brühe
1 Lorbeerblatt
2 Zweige Thymian
Meersalz
schwarzer Pfeffer
1 Frühlingszwiebel

1.} Den Kürbis gut abwaschen, dann halbieren, entkernen und in Stücke schneiden.

2.} Den Apfel schälen, entkernen und Würfel scheiden. Die Zwiebel und den Knoblauch schälen und fein hacken.

3.} Das Öl in einem Topf erhitzen, die Zwiebeln und den Knoblauch darin anbraten, dann die Kurkuma dazugeben und mit anbraten. Mit Brühe ablöschen, gleich darauf Kürbis, Apfelwürfel, Lorbeerblatt und Thymianzweige dazugeben. Aufkochen lassen und dann bei mittlerer Hitze bei geschlossenem Deckel 25–30 Minuten köcheln lassen.

4.} Wenn der Kürbis weich ist, das Lorbeerblatt und die Thymianzweige entfernen. Mit einem Stabmixer oder in einem Standmixer die Suppe fein pürieren. Mit Salz und Pfeffer abschmecken. Auf Teller verteilen und mit Frühlingszwiebelringen garnieren.

Vegan

BROKKOLI-APFEL-SALAT

Statt den Brokkoli für diesen köstlichen Salat fein zu hacken, kann man ihn auch grob raspeln.

FÜR 2 PORTIONEN

ZUBEREITUNGSZEIT: 15 MINUTEN

Zutaten

1 rote Zwiebel
Öl zum Anbraten
500 g Brokkoli
1 Karotte
1 Apfel (z. B. Granny Smith)
50 g gehobelte Mandeln

Dressing

55 g helles Tahini
2 EL Apfelessig oder Zitronensaft
¼ TL Ingwerpulver
¼ TL Kurkuma
Meersalz
schwarzer Pfeffer

1.} Die Zwiebel schälen und in feine Ringe schneiden. Öl in einer Pfanne erhitzen und die Zwiebelringe darin anbraten. Den Brokkoli fein hacken, mit 2–3 EL Wasser in die Pfanne geben und 5 Minuten anbraten.

2.} Die Karotte raspeln, den Apfel entkernen und in kleine Würfel schneiden. Die Mandeln in einer kleinen Pfanne ohne Fett anrösten.

3.} Alle Zutaten für das Dressing mit 4–5 EL warmem Wasser in ein Schraubglas geben und kräftig schütteln. Nach Bedarf noch etwas Wasser hinzugeben und abschmecken.

4.} Nun alle Zutaten für den Salat in eine Schüssel geben und kurz vor dem Servieren mit dem Dressing vermengen.

BALTISCHE BACKKARTOFFELN MIT APFELDIP (KUMPIR)

Bei diesen vegetarischen Backkartoffeln kommen alle Kartoffelfans auf ihre Kosten.

FÜR 2 PORTIONEN

ZUBEREITUNGSZEIT: 10 MINUTEN
BACKZEIT: 1 STUNDE

Zutaten

2 große vorwiegend festkochende Kartoffeln
Olivenöl
Meersalz
1 kleiner Apfel
4 Essiggurken
1 EL Kapern
1 kleines Bund Dill
3 Stängel Petersilie
125 g griechischer Joghurt
2 EL Mayonnaise
schwarzer Pfeffer

1.} Den Backofen auf 200 °C Ober-/Unterhitze vorheizen.

2.} Die Kartoffeln gut abwaschen, mit Olivenöl einreiben und mit Salz bestreuen. Dann mit einem Zahnstocher oder mit einer Messerspitze die Kartoffel ringsum einstechen. Auf ein Backblech setzen und 1 Stunde im Backofen garen.

3.} In der Zwischenzeit den Apfel waschen, schälen und entkernen. Essiggurken, Kapern und Apfel in sehr kleine Würfel schneiden. Den Dill und die Petersilie klein hacken.

4.} Den Joghurt mit der Mayonnaise, dem Dill und der Petersilie mischen. Das klein geschnittene Gemüse/Obst hinzugeben und mit Salz und Pfeffer abschmecken.

5.} Die fertigen Kartoffeln aus dem Ofen nehmen, der Länge nach halbieren und mit der Creme anrichten.

Vegan

APFEL-ROTE-BETE-SUPPE MIT KNOBLAUCHCHIPS

Die knusprigen Knoblauchchips geben der Suppe einen wunderbaren Geschmack.

FÜR 2 PORTIONEN

ZUBEREITUNGSZEIT: 15 MINUTEN
KOCHZEIT: 30 MINUTEN

Zutaten

1 Zwiebel
300 g Rote Bete
250 g mehligkochende Kartoffeln
1 Apfel
4 EL Olivenöl
700 ml Gemüsebrühe
100 ml pflanzliche Sahne
Meersalz
schwarzer Pfeffer
3 Knoblauchzehen
½ TL Fenchelsamen

1.} Die Zwiebel, die Rote Bete und die Kartoffeln schälen und in Würfel schneiden. Den Apfel schälen, entkernen und ebenfalls würfeln.

2.} 2 EL Olivenöl in einen Topf geben und die Zwiebeln darin anbraten. Die Rote Bete, die Kartoffeln und den Apfel hinzugeben und mit anbraten. Mit der Brühe ablöschen und zugedeckt 30 Minuten köcheln lassen.

3.} Die Suppe in einen Standmixer geben und fein pürieren. Die Sahne hinzugeben und mit Salz und Pfeffer abschmecken.

4.} Den Knoblauch schälen und in Scheiben schneiden. 2 EL Öl in einem kleinen Topf erhitzen und den Knoblauch darin knusprig frittieren. Die Fenchelsamen dazugeben, kurz mit anbraten. Dann gleich den Topfinhalt in ein Schälchen geben, damit der Knoblauch nicht zu dunkel wird.

5.} Die Suppe in Schälchen anrichten und mit Öl, Knoblauch und Fenchelsamen garnieren.

LINSEN-BURGER MIT RÖSTZWIEBELN UND APFEL

Vegan

Die Zubereitung der selbstgemachten Pattys lohnt sich auf jeden Fall.

FÜR 4 PORTIONEN

ZUBEREITUNGSZEIT: 30 MINUTEN
KÜHLZEIT: 30 MINUTEN

Pattys
2 Zwiebeln
2 Knoblauchzehen
2 Thymianzweige
Öl zum Anbraten
1 TL italienische Kräuter
Rauchsalz
schwarzer Pfeffer
380 g gekochte Berglinsen (ca. 175 g ungekocht)
55 g gekochter Naturreis (ca. 25 g ungekocht)
1 TL Senf
2–3 EL Semmelbrösel bei Bedarf

Röstzwiebeln
3 Zwiebeln
1 Prise Zucker
Salz

Außerdem
1 Apfel
½ Gurke
4 (vegane) Burger-Brötchen
vegane Mayonnaise
Salatblätter
Korianderblättchen (optional)
Ketchup

1.} Die Zwiebeln und den Knoblauch schälen. Die Zwiebeln in feine Ringe schneiden, den Knoblauch fein hacken. Die Thymianblättchen von den Zweigen abstreifen. Etwas Öl in einer Pfanne erhitzen und die Zwiebeln, den Knoblauch und den Thymian darin anbraten. Dann italienische Kräuter, Rauchsalz und Pfeffer dazugeben.

2.} Die Linsen, den Reis, den Senf und die angebratene Zwiebelmischung in eine Schüssel geben und gut vermischen, am besten mit den Händen. Die Masse soll gut zusammenhalten; ist sie zu feucht, Semmelbrösel untermischen. Mit Salz abschmecken. Abdecken und 30 Minuten kalt stellen.

3.} Für die Röstzwiebeln die Zwiebeln schälen und in feine Ringe schneiden. Etwas Öl in einer Pfanne erhitzen und die Zwiebeln mit dem Zucker anbraten. Bei mittlerer Hitze braun werden lassen, dann salzen.

4.} Aus der Linsenmasse 4 Pattys formen und in einer beschichteten Pfanne mit Öl von beiden Seiten knusprig anbraten. Den Apfel waschen und entkernen. Den Apfel und die Gurke in dünne Scheiben schneiden.

5.} Die Burger-Brötchen mit Mayonnaise bestreichen. Mit Salat, Pattys, Gurken, Apfel, Zwiebeln und Koriander (optional) belegen und mit Ketchup beträufeln. Gleich genießen.

Vegan

BRATAPFEL-ENERGY-BALLS

Diese kleinen Kugeln lassen wir uns gerne zwischendurch schmecken – sie schenken uns neue Energie.

FÜR 10 BÄLLCHEN

ZUBEREITUNGSZEIT: 10 MINUTEN

Zutaten

80 g getrocknete Apfelringe, soft (siehe Tipp)
3 Medjool-Datteln
40 g gemahlene Mandeln
½ TL Zimt
¼ TL Vanille
1 Msp. Ingwerpulver
60 g Kokosraspel

1.} Die Apfelringe, die Datteln, die gemahlenen Mandeln und die Gewürze in einem Mixer zu einer klebrigen Masse mixen. Bei Bedarf 1–2 EL Wasser hinzufügen.

2.} Die Masse zu kleinen Kugeln rollen und in Kokosraspeln wälzen. Die Energy Balls in einem geschlossenen Behälter im Kühlschrank lagern. Sie halten etwa einen Monat.

Tipp

Apfelringe könnt ihr kaufen oder selbst trocknen. Dazu 400 ml Wasser mit ½ TL Salz und dem Saft von ½ Zitrone verrühren. 2 Äpfel entkernen und in Scheiben (5 mm dick) schneiden. 10 Minuten im Zitronenwasser einweichen. Abtropfen lassen und trocken tupfen. Ein Mulltuch auf das Kuchengitter legen, die Apfelringe darauflegen und bei 80 °C Ober-/Unterhitze etwa 3–4 Stunden im Ofen trocknen. Nach dem Abkühlen trocken lagern.

ZITRONEN-VANILLE-MILCHREIS MIT APFELKOMPOTT

Eine süße Reisspeise mit fruchtigem Apfel.

FÜR 3 PORTIONEN

ZUBEREITUNGSZEIT: 10 MINUTEN
KOCHZEIT: 30–40 MINUTEN

Milchreis

500 ml Hafermilch oder Milch deiner Wahl
1 EL Zucker
1 Bio-Zitrone
Mark einer Vanilleschote
125 g Milchreis
120 ml gekühlte (pflanzliche) Sahne

Kompott

2 Äpfel
50 g Blaubeeren
1 EL Vanillezucker
2 EL Apfelsaft

1.} Die Milch in einen Topf geben und den Zucker einstreuen. Mit einem Sparschäler die Zitrone schälen. Die Zitronenschale und das Vanillemark zur Milch geben und einmal aufkochen lassen. Dann den Reis hinzufügen, umrühren und bei niedriger Hitze mit geschlossenem Deckel 30–40 Minuten quellen lassen. Den Reis in der Zeit immer wieder umrühren. Dann die Zitronenschale entfernen und den Reis lauwarm abkühlen lassen.

2.} Die Sahne steif schlagen und unter den Reis mischen.

3.} Während der Reis kocht, das Kompott zubereiten. Dafür die Äpfel schälen, entkernen und würfeln. Die Blaubeeren waschen. Äpfel, Blaubeeren, Zucker und Apfelsaft in einen kleinen Topf geben und 5 Minuten köcheln lassen.

4.} Den Milchreis in Gläschen füllen und mit dem Apfelkompott servieren.

Vegan

APFEL-PFIRSICH-LIMONADE

An heißen Tagen eine wohltuende Erfrischung.

FÜR 1 L

ZUBEREITUNGSZEIT: 15 MINUTEN

Zutaten

2 kleine Äpfel
2 reife Pfirsiche
3–4 EL Lindenblüten, getrocknet oder frisch
2 EL Rohrzucker
1 EL Apfelessig

Außerdem

1 Bügelflasche à 1 l oder 2 Flaschen à 0,5 ml

1.} Die Flaschen mit heißem Wasser ausspülen.

2.} Die Äpfel und die Pfirsiche gut waschen, vierteln und entkernen bzw. den Stein entfernen. Nun das Obst in kleine Würfel schneiden und die Flaschen bis zu einem Drittel damit befüllen. Die Lindenblüten dazugeben.

3.} Den Zucker und den Essig zugeben und die Flaschen mit kaltem Wasser auffüllen, dabei ca. 4 cm zum Flaschenrand freilassen. Einmal kurz schütteln und bei Zimmertemperatur 2–3 Tage stehen lassen.

4.} Die Flasche regelmäßig öffnen, um Druck abzulassen. Ab dem 2. Tag probieren, ob die Limo schon den gewünschten Geschmack hat.

Birnen

BIRNEN-MIRABELLEN-PORRIDGE

Vegan

Genau das Richtige für ein warmes Frühstück.

FÜR 2 PORTIONEN

ZUBEREITUNGSZEIT: 5 MINUTEN
KOCHZEIT: 5 MINUTEN

Porridge

400 ml pflanzliche Milch
70 g Haferflocken
1 TL Chiasamen
1 Msp. Kardamom
1 Prise Salz

Kompott

100 g Mirabellen
½ Birne
2 EL Zucker
¼ TL Zimt
1 Msp. Ingwer
1 Msp. Tonkabohne
1 Prise gemahlene Nelke
etwas Zitronensaft

1.} Milch, Haferflocken, Chiasamen, Kardamom und Salz in einen Topf geben und unter Rühren aufkochen lassen. Dann 5 Minuten köcheln lassen. Vom Herd nehmen, in Schälchen verteilen und lauwarm abkühlen lassen.

2.} Die Mirabellen halbieren und entsteinen, die Birne entkernen und in Würfel schneiden. Das Obst in eine Pfanne geben, mit dem Zucker und den Gewürzen mischen und anbraten. 2 EL Wasser und etwas Zitronensaft dazugeben und 2–3 Minuten köcheln lassen. Das Kompott auf das Porridge geben und genießen.

Vegan

GOLDEN CHIAPUDDING MIT BIRNE

Je nach Saison könnt ihr diesen leckeren Chiapudding auch mit anderen Früchten zubereiten.

FÜR 2–4 PORTIONEN

ZUBEREITUNGSZEIT: 15 MINUTEN
RUHEZEIT: 6 STUNDEN ODER ÜBER NACHT

Zutaten

500 ml Nussmilch (z. B. Mandel- oder Haselnussmilch)
1–2 EL Ahornsirup
½ TL Kurkumapulver
1 ½ TL Zimt
1 Msp. gemahlener Ingwer
1 Prise Meersalz
45 g Chiasamen
120 g pflanzliche Joghurtalternative
1 Birne
2 EL Zucker oder Ahornsirup

1.} Milch, Ahornsirup, Kurkuma, ½ TL Zimt, Ingwer, Salz und Chiasamen gut verquirlen. Über Nacht oder mindestens 6 Stunden in den Kühlschrank stellen.

2.} Den Chiapudding in Schälchen verteilen und den Joghurt darübergeben.

3.} Die Birne schälen, entkernen und in Würfel schneiden. Die Birnenwürfel mit 1 TL Zimt und dem Zucker oder Ahornsirup mischen und in einer Pfanne 5 Minuten schmoren lassen. Die Birnen auf den Joghurt geben und gleich servieren.

APFEL-BIRNEN-ZWETSCHGEN-CRUMBLE

Dieser aromatische Crumble schmeckt lauwarm, z. B. mit Vanillesauce, ganz vorzüglich.

FÜR 4 PORTIONEN

ZUBEREITUNGSZEIT: 15 MINUTEN
BACKZEIT: 30 MINUTEN

Füllung
300 g Äpfel
½ Birne
200 g Zwetschgen
4 EL brauner Zucker
1 TL Zimt

Crumble
80 g Butter
100 g Vollkorndinkelmehl
100 g Haferflocken
1 TL Zimt
1 Msp. Ingwerpulver

Außerdem
1 kleine Auflaufform

1.} Den Backofen auf 180 °C Ober-/Unterhitze vorheizen.

2.} Die Äpfel und die Birne schälen, entkernen und in Würfel schneiden. Die Zwetschgen entsteinen und ebenfalls würfeln. Das Obst in eine Auflaufform geben und mit Zucker und Zimt vermischen.

3.} Für die Streusel die Butter zerlassen. Mehl, Haferflocken, Zimt und Ingwer mischen. Dann mit einem Löffel die zerlassene Butter unterrühren. Nun die Streusel auf dem Obst verteilen und den Crumble im Backofen auf der mittleren Schiene 30 Minuten backen. Bei Bedarf nach 20 Minuten abdecken, damit er nicht zu braun wird.

Vegan

GEDECKTER BIRNENKUCHEN MIT ZIMT UND INGWER

Am liebsten essen wir den Kuchen pur, aber er schmeckt auch toll mit einer Kugel Vanilleeis.

FÜR 1 KUCHEN

ZUBEREITUNGSZEIT: 15 MINUTEN
KÜHLZEIT: 1 STUNDE
BACKZEIT: 30–35 MINUTEN

Teig
315 g Mehl
230 g kalte (vegane) Butter
1 TL Salz

Füllung
6 feste Birnen
60 g Zucker
1 TL Zimt
¼ TL Ingwer
30 g Mehl
1 EL Zitronensaft

Außerdem
1 Ei + 1 EL Hafermilch oder als vegane Alternative etwas vegane Butter
1 EL brauner Rohrzucker
1 Spring- oder Pie-Form (23 cm)

1.} Die Teigzutaten mit 3 EL kaltem Wasser zügig zu einem Teig verarbeiten. Dann den Teig halbieren und jede Teighälfte in Frischhaltefolie wickeln. Nun für 1 Stunde in den Kühlschrank legen und ruhen lassen. Den Teig aus dem Kühlschrank nehmen und 5–10 Minuten warm werden lassen.

2.} Auf einer bemehlten Arbeitsplatte eine Teighälfte ausrollen und in die Form legen. Die Birnen schälen, entkernen und in Stücke schneiden. Mit Zucker, Zimt, Ingwer, Mehl und Zitronensaft vermischen. Die Birnenmischung in die Form geben und den Kuchen kurz in den Kühlschrank stellen.

3.} Die zweite Teighälfte ebenfalls rund ausrollen. Mit einem scharfen Messer in unterschiedlich dicke Streifen schneiden. Nun auf den Kuchen legen und ein Gitter flechten. Die Ecken andrücken und dann mit einem Messer abschneiden. Die Enden nochmals festdrücken. Den übrig gebliebenen Teig ausrollen und Figuren ausstechen oder -schneiden. Diese dann auf dem Kuchen verteilen und andrücken.

4.} Den Backofen auf 180 °C Ober-/Unterhitze vorheizen.

5.} Das Ei gut mit der Milch verquirlen, alternativ die vegane Butter schmelzen. Mit einem Pinsel den Kuchen damit bestreichen und mit dem Rohrzucker bestreuen.

6.} Den Kuchen im Backofen für ca. 30–35 Minuten backen. Vor dem Servieren vollständig abkühlen lassen.

BIRNEN-KÜCHLEIN

Diese fruchtigen Küchlein sind eine Zierde für jede Kaffeetafel!

FÜR 6 STÜCK

ZUBEREITUNGSZEIT: 10 MINUTEN
BACKZEIT: 25 MINUTEN

Zutaten

20 ml neutrales Pflanzenöl + etwas für die Förmchen
30 g Zucker + etwas für die Förmchen
1 Birne
1 Ei
100 g Joghurt
125 g Dinkelmehl Type 630
½ TL Backpulver
½ TL Zimt
½ TL Vanillepaste
1 Msp. Ingwer
1 Prise Tonkabohnenabrieb
Ahornsirup zum Beträufeln

Außerdem

1 Muffinblech

1.} Den Backofen auf 200 °C Ober-/Unterhitze vorheizen.

2.} Die Mulden des Muffinbleches etwas fetten und mit Zucker ausstäuben. Die Birne schälen, entkernen und in etwa 5 mm dicke Scheiben schneiden. Evtl. die Birnenscheiben noch zurechtschneiden und in die Mulden legen.

3.} Ei, Öl, Zucker und Joghurt in eine Schüssel geben und verrühren. Mehl, Backpulver, Zimt, Vanille, Ingwer und Tonkabohnenabrieb vermischen und unter die Eiermasse rühren.

4.} Den Teig in die Förmchen geben und im Backofen 25 Minuten backen. In der Form etwas abkühlen lassen, dann umdrehen und mit etwas Ahornsirup beträufeln.

BIRNEN-MARMORKUCHEN

*Marmorkuchen mal anders: saftig mit Birne
Lecker!*

FÜR 1 KUCHEN

ZUBEREITUNGSZEIT: 15 MINUTEN
BACKZEIT: 30 MINUTEN

Zutaten
150 g weiche Butter
90 g Rohrzucker
1 Pck. Bourbon-Vanillezucker
1 Prise Salz
3 Eier
175 g Dinkelmehl Type 630
½ Pck. Backpulver
1 TL Zimt
50 ml + 2–3 EL Sojamilch
2 EL Kakaopulver
2 feste, aber reife Birnen

Außerdem
1 Backform 20 × 23 cm

1.} Den Backofen auf 180° Ober-/Unterhitze vorheizen. Die Backform mit Backpapier auslegen.

2.} Die Butter mit dem Zucker, dem Vanillezucker und 1 Prise Salz sehr cremig aufschlagen. Dann die Eier einzeln hinzufügen, dabei jeweils rühren. Das Mehl mit dem Backpulver und dem Zimt mischen und zusammen mit 50 ml Milch unterrühren.

3.} Den Teig auf zwei Schüsseln aufteilen. In eine Hälfte das Kakaopulver und weitere 2–3 EL Milch geben und verrühren. Beide Teige in Klecksen in die Form geben und mit einer Gabel in Kreisen durch beide Teige ziehen.

4.} Die Birnen waschen, schälen und in Viertel schneiden, dabei das Kerngehäuse entfernen. Die Birnenviertel mehrfach einschneiden, ohne sie ganz durchzuschneiden. Mit der eingeschnittenen Seite nach oben leicht in den Teig drücken.

5.} Den Kuchen im vorgeheizten Ofen ca. 30 Minuten backen. Auf einem Kuchenrost auskühlen lassen und dann servieren.

BIRNEN-KARDAMOM-KUCHEN

Ein schneller und unglaublich leckerer Rührkuchen.

FÜR 1 KUCHEN

ZUBEREITUNGSZEIT: 10 MINUTEN
BACKZEIT: 20–25 MINUTEN

Belag
2–3 feste reife Birnen
2 EL Zitronensaft
50 g Quittengelee (Seite 156)

Teig
125 g zimmerwarme Butter
80 g Zucker
1 Pck. Vanillezucker
3 Eier
225 g Dinkelmehl Type 630
1 ½ TL Backpulver
1 TL Kardamom
1 EL Rum
30 ml Birnensaft

Außerdem
1 Form (20 × 23 cm)

1.} Den Backofen auf 190 °C Ober-/Unterhitze vorheizen. Eine Auflaufform mit Backpapier auslegen.

2.} Die Birnen schälen und längs in etwa 4 mm dicke Scheiben schneiden. Die Scheibe mit dem Kerngehäuse und Stiel nicht verwenden. Die Birnen sofort mit Zitronensaft beträufeln.

3.} Nun die Butter, den Zucker und den Vanillezucker in eine Rührschüssel geben und mit dem Rührbesen sehr cremig rühren. Dann die Eier nacheinander gut unterrühren. Das Dinkelmehl, das Backpulver und den Kardamom mischen. Zusammen mit dem Rum und dem Birnensaft unter die Eiermischung rühren. Den Teig in die Form geben und mit den Birnenscheiben belegen.

4.} Auf der zweiten Schiene von unten 20–25 Minuten backen.

5.} Währenddessen das Quittengelee erwärmen und den heißen Kuchen sofort nach dem Backen damit bestreichen. Den Kuchen abkühlen lassen und dann in Stücke schneiden.

BIRNEN-COBBLER

Dieser süße Auflauf schmeckt auch mit Zwetschgen oder Äpfeln.

FÜR 4 PORTIONEN

ZUBEREITUNGSZEIT: 10 MINUTEN
BACKZEIT: 30 MINUTEN

Füllung
4 feste reife Birnen
Zitronenabrieb von ½ Zitrone
Zitronensaft von ½ Zitrone
1 TL Vanillepaste
35 g Rohrzucker
1 TL Stärke

Teig
230 g Dinkelmehl Type 630
1 EL Backpulver
40 g Rohrzucker
80 g weiche Butter + etwas für die Form
110 ml Hafermilch

Außerdem
einige Mandelblättchen
Vanillesauce zum Servieren
1 runde Auflaufform (20 cm)

1.} Den Backofen auf 190 °C Ober-/Unterhitze vorheizen. Die Auflaufform leicht fetten.

2.} Die Birnen schälen, entkernen und in Würfel schneiden. Birnenwürfel mit Zitronenabrieb, Zitronensaft, Vanille, Rohrzucker und Stärke vermischen und in die Backform geben.

3.} Nun das Dinkelmehl, das Backpulver und den Zucker in eine Schüssel geben und vermischen. Die Butter in Würfeln dazugeben und gut vermischen. Dann die Milch mit einem Löffel unterrühren.

4.} Den Teig auf eine Arbeitsplatte geben, kurz kneten, damit er zusammenhält. Bei Bedarf die Arbeitsfläche mit etwas Mehl bestäuben.

5.} Mit dem Wellholz den Teig auswellen, zusammenklappen und dann auf die Größe der Form ausrollen oder mit den Händen zu einem Kreis formen. Den Teig auf die Birnen legen und mit Mandelblättchen bestreuen.

6.} Auf der mittleren Schiene 30 Minuten goldbraun backen. Warm mit Vanillesauce servieren.

BIRNEN-BANANENBROT

Vegan

Unser beliebter Begleiter auf Wanderungen!

FÜR 1 BROT

ZUBEREITUNGSZEIT: 15 MINUTEN
BACKZEIT: 1 STUNDE

Zutaten

2 EL Chiasamen
3 reife Bananen + 1 weitere Banane für die Dekoration
½ TL gemahlener Zimt
1 TL Vanille-Extrakt
3 EL Kokosöl
100 ml Ahornsirup
180 ml Hafermilch
120 g gemahlene Mandeln
120 g Dinkelmehl
60 g Buchweizenmehl
3 TL Backpulver
60 g Haferflocken
1 Birne
40 g Walnüsse

Außerdem

1 Kastenform

1.} Den Backofen auf 180 °C Ober-/Unterhitze vorheizen. Eine Kastenform fetten oder mit Backpapier auslegen.

2.} 2 EL Chiasamen in 60 ml Wasser einweichen, verrühren und für 10 Minuten quellen lassen.

3.} Die reifen Bananen mit einer Gabel zerdrücken. Chiasamen, Zimt, Vanille, Kokosöl, Ahornsirup und Milch hinzufügen und gut verrühren. In einer zweiten Schüssel Mandeln, Dinkelmehl, Buchweizenmehl, Backpulver und Haferflocken mischen. Dann die Bananenmischung hinzufügen und verrühren.

4.} Die Birne schälen, entkernen und in Würfel schneiden. Mit den Nüssen unter die Masse heben.

5.} Den Teig in die Kastenform füllen. Die Banane für die Dekoration halbieren und auf den Teig legen. Für ca. 1 Stunde backen. Nach dem Backen 20 Minuten in der Form und dann auf einem Kuchengitter vollständig abkühlen lassen.

BIRNEN-MUFFINS MIT VANILLE

Vegan

Kleine Köstlichkeiten für die Kaffeetafel oder zum Mitnehmen. Wer es süßer mag, bestreicht die Muffins noch mit einer Zuckerguss-Schicht.

FÜR 6 MUFFINS

ZUBEREITUNGSZEIT: 10 MINUTEN
BACKZEIT: 20–25 MINUTEN

Muffins
2 Birnen (ca. 250 g)
120 ml Hafermilch
115 g flüssige vegane Butter
120 g Soja-Joghurt
1 TL Vanille-Extrakt
90 g Zucker
220 g Dinkelmehl Type 630
1 EL Backpulver
1 TL Backnatron
¼ TL Tonkabohnenabrieb
1 Prise Salz

Topping
2 EL gehobelte Mandeln
2 EL brauner Zucker

Außerdem
Muffinform und Muffinförmchen

1.} Den Ofen auf 200 °C Ober-/Unterhitze vorheizen. Eine Muffinform mit Muffinförmchen auslegen.

2.} Die Birnen schälen, entkernen und in kleine Würfel schneiden.

3.} Milch, Butter, Joghurt und Vanille in eine Schüssel geben und vermischen. Zucker, Mehl, Backpulver, Backnatron, Tonkabohne und Salz in einer zweiten Schüssel mischen. Zu der Milchmischung geben und verrühren. Zum Schluss die Birnenwürfel unterheben.

4.} Mit einem Löffel oder Eisportionierer den Teig in die Förmchen geben und mit gehobelten Mandeln und braunem Zucker bestreuen.

5.} Auf der mittleren Schiene für 20–25 Minuten backen und dann abkühlen lassen.

Vegan

HUTZELBROT (FRÜCHTEBROT)

Das Früchtebrot darf bei uns in der Weihnachtszeit nicht fehlen.

FÜR 1 BROT

ZUBEREITUNGSZEIT: 20 MINUTEN
RUHEZEIT: 50 MINUTEN
EINWEICHZEIT: ÜBER NACHT
BACKZEIT: 40 MINUTEN

Zutaten

250 g Hutzeln (im Ganzen getrocknete Birnen, siehe Tipps)
250 g getrocknete Pflaumen
250 g getrocknete Feigen
250 g Datteln
250 g getrocknete Aprikosen
60 g Orangeat
125 g Rosinen
500 g Dinkelvollkornmehl
1 Pck. Trockenhefe
1 TL Zimt
1 Prise Salz
120 g geröstete, gehäutete Haselnüsse
40 g Sonnenblumenkerne
40 g Kürbiskerne
1 Msp. Anis
1 Msp. Nelken

Außerdem

1 Kastenform (26–30 cm)

1.} Die Hutzeln mit Wasser bedecken und über Nacht einweichen lassen.

2.} Am nächsten Tag die Hutzeln im Einweichwasser aufkochen und weich köcheln lassen. Dann die Trockenbirnen herausnehmen und die Pflaumen und die Feigen im Einweichwasser kurz ziehen lassen. Alle Trockenfrüchte klein schneiden und vom Einweichwasser 600 ml abmessen. Den Rest beiseitestellen.

3.} Das Mehl mit der Trockenhefe, dem Zimt und dem Salz mischen. Das abgemessene Einweichwasser hinzugeben und gut verrühren. Dann alle übrigen Zutaten hinzugegen und in der Küchenmaschine oder von der Hand gut durchkneten. Den Teig abdecken und 50 Minuten ruhen lassen.

4.} Eine Kastenform mit Backpapier auslegen. Den Backofen auf 200 °C Heißluft vorheizen.

5.} Den Teig noch einmal kurz durchkneten und dann in die Form geben. Glattstreichen und im Backofen ca. 40 Minuten backen. Nach dem Backen gleich aus der Backform nehmen und das Backpapier entfernen. Mit dem beiseitegestellten Einweichwasser bestreichen und abkühlen lassen. Noch mindestens 2 Tage stehen lassen und dann anschneiden. Mit etwas Butter bestreichen und genießen.

Tipps

Das Brot kann, in Frischhaltefolie gewickelt, 2–3 Monate aufbewahrt werden. Da es feucht ist, darauf achten, dass es nicht schimmelt. Hutzeln bekommt ihr im Reformhaus; ihr könnt sie aber auch selbst machen. Dazu die Birnen als Ganzes in einen Dörr-Ofen geben und bei ca. 60 °C für 18 Stunden dörren.

BIRNENMUS

Vegan

Ein fruchtiges Birnenmus – ideal zu Reibekuchen oder Crêpes.

FÜR 1–2 GLÄSER À 250 ML

ZUBEREITUNGSZEIT: 5 MINUTEN
KOCHZEIT: 20 MINUTEN

Zutaten

3 reife Birnen (ca. 800 g)
¼ TL Zimt

Außerdem

heiß ausgespülte Gläser

1.} Die Birnen waschen, schälen und entkernen. Anschließend in kleine Stücke schneiden und in einen kleinen Topf geben.

2.} 40 ml Wasser hinzugeben und auf kleinster Stufe für ca. 20 Minuten weich kochen. Falls das Wasser komplett verdunstet ist und die Birnen noch nicht weich sind, etwas Wasser nachgießen.

3.} Die Birnen in einen Standmixer geben und fein pürieren oder mit einem Pürierstab für einige Minuten fein sämig pürieren.

4.} Das Mus noch einmal zurück in den Topf geben und einmal aufkochen lassen. Dann in heiß ausgespülte Gläser füllen und abkühlen lassen.

Tipp

Verschlossen hält sich das Birnenmus etwa 3–4 Monate. Nach Anbruch innerhalb von 2–3 Tagen aufbrauchen.

BIRNEN-MARMELADE

Vegan

Diese Birnenmarmelade schmeckt auf Hefezopf oder Bauernbrot besonders gut.

FÜR 2 GLÄSER À 200 ML

ZUBEREITUNGSZEIT: 5 MINUTEN
RUHEZEIT: ÜBER NACHT
KOCHZEIT: 20–30 MINUTEN

Zutaten
2 Birnen
Gelierzucker 3:1 (Menge nach Packungsanleitung)
Saft von ca. ½ Zitrone
1 Msp. Zimt
1 Msp. Vanille
1 Prise gemahlene Nelke
1 Prise Ingwerpulver

Außerdem
heiß ausgespülte Gläser

1.} Die Birnen schälen, entkernen und grob würfeln. Die Würfel abwiegen und mit der entsprechenden Menge Zucker und Zitronensaft – je nach Packungsanleitung – in einen Topf geben und mischen. Abgedeckt über Nacht Flüssigkeit ziehen lassen.

2.} Am nächsten Tag die Birnen aufkochen und 20–30 Minuten köcheln lassen. Die Gewürze hinzugeben. Wenn die Birnen weich sind, alles mit einem Stabmixer fein pürieren und in heiß ausgespülte Gläser füllen.

Tipp
Verschlossen hält sich die Marmelade etwa 6 Monate.

DINKELFLAMMKUCHEN MIT KÜRBIS UND BIRNE

Wir bestreuen den Flammkuchen oft zusätzlich noch mit etwas Petersilie oder Schnittlauch.

FÜR 4 DINKELFLAMMKUCHEN

ZUBEREITUNGSZEIT: 25 MINUTEN
GEHZEIT: 1 STUNDE
BACKZEIT: 10–15 MINUTEN

Teig
400 g Dinkelmehl
100 g Dinkelvollkornmehl
1 Pck. Trockenhefe
1 EL Öl
8 g Salz

Belag
200 g Schmand
Meersalz
schwarzer Pfeffer
¼ Kürbis (z. B. Butternut, Hokkaido oder Muskat)
2 rote Zwiebeln
2 reife Birnen

1.} Beide Mehlsorten in eine Rührschüssel geben. Die Hefe dazugeben und verrühren. Dann 300 ml Wasser und das Öl hinzufügen. Kurz verkneten und zuletzt das Salz dazugeben. Nun 8 Minuten auf Stufe 2 des Rührgeräts kneten, bis ein weicher, elastischer Teig entsteht. Den Teig zur Kugel formen, in eine Schüssel legen und abgedeckt 1 Stunde gehen lassen.

2.} Den Backofen auf 220 °C Ober-/Unterhitze vorheizen.

3.} Den Teig vierteln und jeweils zur Kugel formen. Jede Kugel zu einem ovalen Fladen rollen.

4.} Den Schmand mit Salz und Pfeffer cremig rühren und gleichmäßig auf den Böden verstreichen. Dann den Kürbis ggf. schälen. Die Zwiebeln ebenfalls schälen und beides fein hobeln. Die Birnen halbieren, entkernen und in dünne Spalten schneiden.

5.} Kürbis, Zwiebeln und Birnen auf den Flammkuchen verteilen. Je zwei Dinkelflammkuchen auf ein Backblech legen und auf der mittleren Schiene 10–15 Minuten backen. Dann die nächsten beiden Flammkuchen backen.

GRÜNES TABOULÉ MIT BIRNE

Vegan

Die Birne gibt dem Taboulé eine süßliche und leckere Note.

FÜR 2 PORTIONEN

ZUBEREITUNGSZEIT: 15 MINUTEN

Zutaten
70 g Couscous
½ Birne
1 grüne Paprikaschote
1 kleine Landgurke
5 Radieschen
2 Frühlingszwiebeln
1 Bund Petersilie
2 EL Apfelessig
5 EL Olivenöl
Meersalz
schwarzer Pfeffer

1.} Den Couscous in eine Schale geben. Wasser im Wasserkocher zum Kochen bringen und den Couscous damit bedecken. Mit einem Teller abdecken und 10 Minuten ziehen lassen.

2.} Die Birne, die Paprika, die Gurke und die Radieschen waschen, putzen, ggf. entkernen und in kleine Würfel schneiden. Die Frühlingszwiebeln in feine Ringe schneiden. Die Petersilie fein hacken.

3.} Den Couscous mit einer Gabel lockern und mit dem klein geschnittenen Gemüse vermengen.

4.} Apfelessig, Olivenöl, 1 EL Wasser, Salz und Pfeffer mischen und unter den Couscous mischen. Mit Salz abschmecken. Gleich servieren oder abgedeckt 1–2 Stunden ziehen lassen.

Vegan

BROKKOLI, BIRNE UND REIS

Wer mag, brät noch ein Spiegelei dazu – ohne Ei ist das Gericht vegan.

FÜR 2 PORTIONEN

ZUBEREITUNGSZEIT: 5 MINUTEN
KOCHZEIT: 20 MINUTEN

Zutaten

120 g Basmati-Reis
Meersalz
3 Frühlingszwiebeln
200 g Brokkoli
2 EL Sesamöl
1 TL schwarzer Sesam
1 TL heller Sesam
¼ TL Fünf-Gewürze-Pulver
1 feste reife Birne
Sojasauce

1.} Den Basmati-Reis unter fließend kaltem Wasser abwaschen, bis das Wasser klar ist. In einem Topf gesalzenes Wasser zum Kochen bringen und den Reis darin garen. In ein Sieb geben und abtropfen lassen.

2.} Die Frühlingszwiebeln in feine Ringe schneiden, den Brokkoli ganz klein würfeln. Beide Zutaten in 1 EL Sesamöl in einer Pfanne anbraten. Beide Sesamsorten und das Fünf-Gewürz-Pulver hinzugeben und vermischen.

3.} Die Birnen schälen, entkernen und in feine Stifte schneiden. Den Reis und die Birnen zum Brokkoli geben, vermischen und servieren. Mit Sojasauce und Sesamöl abschmecken.

Tipp

Fünf-Gewürze-Pulver kann man fertig kaufen oder selbst aus Szechuanpfeffer, Fenchelsamen, Sternanis, Zimt und Nelken mischen.

JOGHURT-PARFAIT MIT BIRNEN UND HONIG

Für das weihnachtliche Dessert ist mit diesem Parfait gesorgt.

FÜR 8 PORTIONEN

ZUBEREITUNGSZEIT: 40 MINUTEN
KÜHLZEIT: 10 STUNDEN

Zutaten
350 g reife Birnen
400 ml Sahne
1 Vanilleschote
1 Msp. Kardamom
5 Eigelb
60 g Lindenblütenhonig + mehr zum Servieren
80 g Zucker
150 g Joghurt
dünne Birnenscheiben und Nüsse zum Dekorieren (optional)

Außerdem
1 Emailleform ca. 17 cm × 24 cm oder 1 Gugelhupfform

1.} Die Birnen schälen, entkernen und in einen Topf geben. Bei Bedarf etwas Wasser zugeben. Köcheln lassen, bis die Birnen weich sind, und dann fein pürieren. Beiseitestellen und abkühlen lassen.

2.} Die Sahne sehr steif schlagen und dann kalt stellen. Die Vanilleschote auskratzen. Vanillemark, Kardamom, Eigelbe, Honig und Zucker über einem heißen Wasserbad dick-cremig aufschlagen. Dann die Schüssel in kaltes Wasser stellen und unter ständigem Rühren kalt werden lassen. Nun den Joghurt und die geschlagene Sahne unterheben.

3.} Die Form mit Frischhaltefolie auskleiden. Die Hälfte der Eismasse hineingeben. Dann die Birnenmasse darauf verteilen. Die restliche Eismasse darübergeben und alles mit einer Gabel leicht verrühren. Mit Folie bedecken und für 10 Stunden kalt stellen.

4.} Zum Servieren das Eis etwa 10 Minuten antauen lassen und aus der Form lösen. Falls gewünscht, mit Birnen und Nüssen dekorieren und mit Honig beträufeln.

Tipp
Mit der ausgekratzten Vanilleschote könnt ihr Vanillezucker selber machen. Hierfür die Vanilleschote in ein Schraubglas geben, mit Zucker bedecken und 2 Wochen ziehen lassen. Ab und zu schütteln.

CHEESECAKE IM GLAS MIT OBSTKOMPOTT

Ein leckeres und einfaches Dessert mit vielen Früchten!

FÜR 4 PORTIONEN

ZUBEREITUNGSZEIT: 15 MINUTEN
BACKZEIT: 15–20 MINUTEN

Streusel
100 g Ruchmehl oder Dinkelmehl Type 630
45 g Zucker
50 g weiche Butter
1 TL Vanillezucker

Kompott
550 g Birnen, Zwetschgen, Mirabellen, gemischt
1 TL Zimt
1 TL Vanillepaste
1 Msp. Ingwerpulver
1 Msp. gemahlene Nelken
4 EL Zucker

Milchkefircreme
200 g Milchkefir (ersatzweise Buttermilch)
200 g Doppelrahmfrischkäse
4 EL Zucker oder etwas Honig (optional)

1.} Den Backofen auf 180 °C Ober-/Unterhitze vorheizen.

2.} Die Zutaten für die Streusel in eine Schüssel geben und mit den Händen zu Streuseln formen. Auf einem mit Backpapier ausgelegten Backblech verteilen, im Backofen ca. 15–20 Minuten goldbraun backen und dann auskühlen lassen.

3.} Für das Kompott die Birnen schälen, vierteln, entkernen und klein schneiden. Die Zwetschgen und die Mirabellen entsteinen und ebenfalls klein schneiden. Die Obststücke zusammen mit den Gewürzen und dem Zucker in einem Topf aufkochen. Zugedeckt bei mittlerer Hitze köcheln lassen, bis die Früchte weich sind, bei Bedarf 2–3 EL Wasser zugeben. Die weichen Früchte fein pürieren und auskühlen lassen.

4.} Für die Milchkefircreme den Milchkefir mit dem Frischkäse verrühren und nach Bedarf mit Zucker oder Honig süßen.

5.} Das Kompott auf 4 Gläser verteilen, die Milchkefircreme daraufgeben und die Streusel darüberstreuen.

BIRNEN-MANDEL-SCHOKO-COOKIES

Am liebsten vernaschen wir diese Kekse zu einer guten Tasse Kaffee.

FÜR 12 KEKSE

ZUBEREITUNGSZEIT: 10 MINUTEN
RUHEZEIT: 30 MINUTEN
BACKZEIT: 13–15 MINUTEN

Zutaten
50 g Mandelmus oder Erdnussbutter
100 g brauner Zucker
90 g weiche Butter oder Kokosöl
1 Msp. Kardamom
90 ml Sojamilch
250 g Dinkelmehl Type 630
½ TL Backpulver
¼ TL Backnatron
1 Msp. Vanillemark
65 g weiße Schokolade
50 g Mandeln
1 reife feste Birne (100 g)

1.} Das Mandelmus, den Zucker und die Butter in eine Schüssel geben und mit einer Gabel gut vermischen. Dann den Kardamom und die Sojamilch untermischen. Das Mehl mit dem Backpulver, dem Backnatron und dem Vanillemark mischen und dann zur Buttermischung geben. Mit den Händen oder einem Löffel zu einem Teig kneten.

2.} Die Schokolade und die Mandeln hacken und unter den Teig mischen. Einige Stücke aufbewahren. Die Birne schälen, entkernen und klein würfeln. Die Birnen-Würfel vorsichtig unter den Teig mischen. Den Teig für 20–30 Minuten kalt stellen.

3.} Den Backofen auf 180 °C Ober-/Unterhitze vorheizen.

4.} Ein bis zwei Bleche mit Backpapier auslegen. Den Teig in 10–12 gleich große Kugeln formen und diese dann etwas platt drücken. Auf dem Blech mit Abstand verteilen und mit den restlichen Schoko- und Mandelstücken garnieren.

5.} Die Kekse auf der mittleren Schiene 13–15 Minuten backen. Abkühlen lassen und genießen.

POCHIERTE BIRNEN MIT LAVENDEL UND STERNANIS

Die aromatische Birne schmeckt mit geschlagener Sahne oder einer Kugel Eis.

FÜR 4 PORTIONEN

ZUBEREITUNGSZEIT: 35 MINUTEN
KOCHZEIT: 5–8 MINUTEN

Zutaten

225 g brauner Zucker
Abrieb von ½ Zitrone
Mark von ½ Vanilleschote
1 Sternanis
1 Zweig Lavendel
4 kleine feste reife Birnen
Schlagsahne oder Eis zum Servieren

1.} Den Zucker in einen mittelgroßen Topf geben und bei mittlerer bis hoher Temperatur ohne Rühren schmelzen lassen. Sobald der Zucker geschmolzen ist, umrühren und vorsichtig (es kann spritzen!) 50 ml Wasser zugießen. Alles köcheln lassen, bis der Karamell wieder geschmolzen ist.

2.} Zitronenabrieb, Vanille, Sternanis und Lavendel in den Topf geben. Die Birnen mit einem Sparschäler schälen und in den Karamellsirup legen. Mit Deckel bei niedriger Temperatur etwa 5–8 Minuten garen. Den Topf vom Herd nehmen und die Birnen im Sirup 20 Minuten ziehen lassen.

3.} Die Birnen mit geschlagener Sahne oder Eis servieren.

Tipp

Die Birnen lassen sich im Sirup im Kühlschrank bis zu 5 Tage aufbewahren.

WASSERKEFIR MIT PFIRSICH UND BIRNE

Vegan

Ein leckeres und gesundes Erfrischungsgetränk.

FÜR 1 L

ZUBEREITUNGSZEIT: 10 MINUTEN
ZIEHZEIT: 1–3 TAGE

Zutaten

1 reifer süßer Pfirsich
½ reife Birne
2 Kardamom-Kapseln
1 Thymianzweig
800 ml Wasserkefir aus der Erstfermentation (siehe Tipp)

Außerdem

1 heiß ausgespülte Glasflasche à 1 l

1.} Den Pfirsich waschen, entsteinen und in kleine Stücke schneiden. Die Birne schälen, entkernen und in kleine Stücke schneiden. Die Kardamomkapseln leicht andrücken. Birnen, Pfirsich und Kardamom in die Flasche geben.

2.} Den Thymianzweig an einem Faden in die Flüssigkeit hängen, sodass sich nur die Blättchen und nicht der dicke Stiel in dieser befinden (Stiele sind oft bitter).

3.} Nun mit dem Wasserkefir auffüllen und dabei ca. 2,5 cm Luft bis zum Flaschenhals für die Kohlensäurebildung frei lassen. Die Flasche verschließen und den Ansatz 1–3 Tage bei Raumtemperatur fermentieren lassen. Nach einem Tag kann das Getränk probiert werden. Entspricht es dem persönlichen Geschmack und stimmt der Kohlensäuregehalt, kann das Getränk gleich getrunken werden, oder man bewahrt es im Kühlschrank auf. Das verlangsamt die Fermentation.

Tipp

Statt Pfirsiche könnt ihr auch eine Handvoll Himbeeren oder Kirschen verwenden.

Erstfermentation

750 ml kaltes Wasser in ein Glasgefäß geben. 60 g Rohrzucker dazugeben und umrühren, bis sich der Zucker aufgelöst hat. Dann 30 g ungeschwefeltes Trockenobst (z. B. Feigen), 2–3 Scheiben Bio-Zitrone und 30 g Kefir-Kristalle hinzugeben. Mit einem Mulltuch verschließen und je nach Außentemperatur 1–3 Tage stehen lassen.

Vegan

BIRNEN-ZITRONEN-MELISSE-SHRUB

Shrub ist ein essiggesäuerter Fruchtsirup, der mit Mineralwasser verdünnt wird.

FÜR 700 ML

ZUBEREITUNGSZEIT: 10 MINUTEN
ZIEHZEIT: 6–10 TAGE

Zutaten

2 Nashi-Birnen (oder alternativ andere Birnen)
1 Limette
1 Zweig Zitronenmelisse
3 Kardamom-Kapseln
8 EL Rohrzucker
etwa 150 ml Apfelessig

Außerdem

Schraub- oder Bügelglas à 700 ml

1.} Das Glas mit heißem Wasser ausspülen.

2.} Die Birnen gut waschen, vierteln, entkernen und in Würfel schneiden. Die Limette schälen, in Scheiben schneiden und diese halbieren. Die Kardamom-Kapseln leicht andrücken.

3.} Früchte, Kräuter und Gewürze in das Glas geben und mit einem Holzlöffel/Stampfer leicht zerdrücken. Dann den Zucker zufügen, verrühren und mit einem dünnen luftdurchlässigen Stoff (Mulltuch) abdecken. Das Ganze nun über Nacht ziehen lassen.

4.} Am nächsten Tag alles gut verrühren und den Apfelessig hinzufügen. Wieder mit dem Tuch bedecken und 2–4 Tage bei Zimmertemperatur ziehen lassen. In dieser Zeit ein- bis zweimal am Tag umrühren.

5.} Danach das Glas mit einem Deckel schließen und für 2–3 Tage in den Kühlschrank stellen. Einmal am Tag gut durchschütteln.

6.} Nach 2–3 Tagen die Flüssigkeit durch ein feines Sieb in eine Flasche abseihen. Für mehr Kohlensäure die fertige Flasche geschlossen für 1–2 Tage bei Zimmertemperatur stehen lassen. Einmal am Tag öffnen, um den Druck abzulassen.

7.} Zum Servieren 2–4 EL von dem Sirup in ein Glas geben und mit Mineralwasser verdünnt genießen.

ZITRONENGRAS-BIRNEN-LIMONADE

Vegan

Diese Limonade schmeckt besonders lecker auf Eis mit ein paar Basilikumblättern.

FÜR CA. 8 GLÄSER

ZUBEREITUNGSZEIT: 10 MINUTEN
KOCHZEIT: 5 MINUTEN
ZIEHZEIT: 30 MINUTEN

Zutaten
180 g brauner Zucker
3 Stängel Zitronengras
ca. 20 g Ingwer
1 Birne
Saft von 2 Limetten
Saft von 1 kleinen Zitrone
rote Basilikumblättchen

1.} Den Zucker mit 200 ml Wasser in einen Topf geben. Das Zitronengras und den Ingwer waschen und fein schneiden. Beides mit in den Topf geben und 5 Minuten sachte köcheln lassen. Den Topf vom Herd nehmen und mit Deckel 10 Minuten ziehen lassen. Durch ein feines Sieb geben und komplett abkühlen lassen.

2.} Die Birne schälen, entkernen und in feine Spalten schneiden. Zusammen mit dem Sud, dem Zitrussaft und dem Basilikum in eine Karaffe geben. Mit etwa 1 l Mineralwasser aufgießen und 30 Minuten abgedeckt in den Kühlschrank stellen. Dann servieren.

Quitten

MÜSLI MIT QUITTEN-BIRNEN-KOMPOTT

Ein schnelles und leckeres Frühstück mit fruchtigem Kompott. In Schraubgläser gefüllt auch ideal zum Mitnehmen.

FÜR 2 PORTIONEN

ZUBEREITUNGSZEIT: 10 MINUTEN
RUHEZEIT: MINDESTENS 30 MINUTEN
KOCHZEIT: 3–5 MINUTEN

Müsli
100 g Haferflocken
1 EL Leinsamen
2 EL Sonnenblumenkerne
350 ml Milch (z. B. Hafermilch)
80 g Mandeln
1 kleiner Apfel
150 g Joghurt

Kompott
1 Birne
1 kleine Quitte
1 Prise Zimt
1 TL Zucker

Außerdem
Nüsse und Nussmus zum Servieren (optional)

1.} Für das Müsli die Haferflocken, die Leinsamen und die Sonnenblumenkerne in einer Schüssel mit der Milch verrühren und mindestens 30 Minuten oder über Nacht ziehen lassen.
2.} Die Mandeln in einer Pfanne ohne Fett rösten und hacken. Das Kerngehäuse des Apfels ausstechen und diesen mit Schale raspeln.
3.} Alle Zutaten für das Müsli gut verrühren.
4.} Für das Kompott die Birne und die Quitte schalen und entkernen. Dann in Wurfel schneiden. In einen Topf geben und mit Zimt, Zucker und 1–2 EL Wasser 3–5 Minuten leicht köcheln lassen.
5.} Zum Servieren das Kompott und – wer mag – Nüsse und Nussmus über das Müsli geben.

HERZHAFTE FRÜHSTÜCKSMUFFINS

Es muss nicht immer süß sein: Diese herzhaften Muffins servieren wir gerne zum Brunch oder nehmen sie als kleine Stärkung auf Wanderungen mit.

FÜR 6–8 MUFFINS

ZUBEREITUNGSZEIT: 15 MINUTEN
BACKZEIT: 25 MINUTEN

Zutaten
125 g Zucchini
50 g Quitte
100 g Paprika (grün oder rot)
2 EL Oliven
65 g geriebener Cheddar
120 ml Milch
50 g Naturjoghurt
55 ml Olivenöl
2 Eier
125 g Dinkelmehl Type 630
2 TL Backpulver
½ TL Salz

Außerdem
Muffinblech
Fett oder Muffinpapierförmchen

1.} Das Muffinblech leicht fetten oder Papierförmchen einlegen. Den Backofen auf 180 °C Ober-/Unterhitze vorheizen.

2.} Die Zucchini waschen und raspeln, die Quitte schälen, entkernen und ebenfalls raspeln. Beides auf ein sauberes Geschirrtuch legen und den Saft auspressen. Die Paprika waschen, entkernen und in kleine Würfel schneiden; die Oliven klein hacken.

3.} Zucchini, Quitte, Paprika und Oliven in eine große Rührschüssel geben. Geriebenen Käse, Milch, Joghurt, Olivenöl und Eier hinzufügen und alles vermischen. Mehl, Backpulver und Salz mischen und dann langsam zu den feuchten Zutaten geben. Vorsichtig unterheben und den Teig in die Muffinförmchen geben.

4.} Die Muffins 25 Minuten goldbraun backen und am besten warm servieren.

QUITTEN-MANDELKUCHEN

*Für ein gemütliches Beisammensein.
Schmeckt mit und ohne Schlagsahne.*

FÜR 1 KUCHEN

ZUBEREITUNGSZEIT: 20 MINUTEN
KÜHLZEIT: 30 MINUTEN
BACKZEIT: 1 STUNDE

Zutaten

340 g Dinkelmehl Type 630
40 g Rohrzucker
130 g kalte Butter + 120 g weiche Butter
350 g Quitten
1 Ei
90 g Zucker
1 TL Vanillepaste
1 Prise Salz
200 ml kalte Sahne
50 g gehobelte Mandeln

Außerdem

1 Springform (26 cm)

1.} 250 g Mehl und den Rohrzucker in eine Schüssel geben. Die kalte Butter in Würfeln dazugeben und mit den Händen zu einem krümeligen Teig kneten. 40 ml kaltes Wasser hinzugeben und alles zügig zu einem Teig kneten. Dann in Frischhaltefolie wickeln und 30 Minuten kalt stellen.

2.} Die Quitten gut waschen, dann vierteln, das Kerngehäuse herausschneiden und die Quitten in Würfel schneiden.

3.} Den Backofen auf 180 °C Ober-/Unterhitze vorheizen.

4.} Den Mürbeteig ausrollen und in eine mit Backpapier ausgelegte Form legen. Die Quittenwürfel darauf verteilen.

5.} Weiche Butter, Ei, Zucker, Vanille und Salz zügig verrühren. Dann 90 g Mehl einarbeiten. Die Sahne steif schlagen und ebenfalls unter die Teigmasse heben. Die Füllung auf den Quitten verteilen und mit den Mandelblättchen bestreuen.

6.} Im Backofen ca. 1 Stunde backen. Evtl. nach 30–40 Minuten mit Backpapier abdecken, damit der Kuchen nicht zu dunkel wird.

7.} Nach dem Backen 20 Minuten in der Form abkühlen lassen und dann auf einem Kuchengitter vollständig auskühlen lassen.

WINTERLICHER KÜRBIS-QUITTEN-KUCHEN

Dieser Kuchen lässt sich super vorbereiten, denn er bleibt mehrere Tage wunderbar saftig.

FÜR 1 KUCHEN

ZUBEREITUNGSZEIT: 20 MINUTEN
BACKZEIT: 55–60 MINUTEN

Zutaten
85 g Walnüsse
75 g getrocknete Aprikosen
150 g Hokkaidokürbis
100 g Quitten
4 Eier
150 g brauner Zucker
4 EL Rum
200 ml Sonnenblumenöl
275 g Dinkelmehl Type 1050
1 TL Zimt
¼ TL Kardamom
1 Msp. Nelkenpulver
2 TL Weinsteinbackpulver
1 TL Natron
Puderzucker zum Bestäuben

Außerdem
1 Springform (24 cm) oder
1 Kastenform (26 cm)

1.} Die Kuchenform mit Backpapier auslegen.

2.} Die Walnüsse und die Aprikosen klein hacken. Den Kürbis und die Quitten gut abwaschen, dann entkernen und mit der Schale grob raspeln.

3.} Den Backofen auf 180 °C Ober-/ Unterhitze vorheizen.

4.} Die Eier mit dem Zucker, dem Rum und dem Öl mit dem Handrührgerät ca. 5 Minuten cremig schlagen. Das Mehl mit den Gewürzen, dem Backpulver, dem Natron und den gehackten Walnüssen und Aprikosen mischen und unter die Öl-Mischung heben. Den Kürbis und die Quitten ebenfalls unter den Teig mischen und diesen in die Kuchenform füllen.

5.} Den Kuchen auf der zweiten Schiene von unten 55–60 Minuten backen. Anschließend 20 Minuten in der Form abkühlen lassen und dann auf einem Gitter auskühlen lassen. Vor dem Servieren mit etwas Puderzucker bestäuben.

QUITTEN-ZUCCHINI-KUCHEN

Vegan

Statt Kürbis-Quitten-Apfelmus könnt ihr auch nur Apfelmus oder Quittenmus verwenden. Der würzige und saftige Kuchen schmeckt solo oder auch mit etwas pflanzlicher Butter und Quittengelee.

FÜR 1 KUCHEN

ZUBEREITUNGSZEIT: 10 MINUTEN
BACKZEIT: 45–50 MINUTEN

Trockene Zutaten
180 g Dinkelmehl Type 630 oder Weizenmehl
½ TL Natron
½ TL Backpulver
1 TL Zimt
¼ TL Muskatnussabrieb
1 Prise Salz

Feuchte Zutaten
100 g Zucchini
200 g Kürbis-Quitten-Apfelmus (Seite 59)
90 g brauner Zucker
85 g Ahornsirup
1 Leinsamen-Ei (siehe Tipp)
1 TL Vanillepaste

Außerdem
1 Kastenform (20 cm)

1.} Den Backofen auf 180 °C Ober-/Unterhitze vorheizen.

2.} In einer großen Rührschüssel alle trockenen Zutaten vermischen.

3.} Als Nächstes die Zucchini raspeln. In einer separaten Rührschüssel Apfelmus, braunen Zucker, Ahornsirup, Leinsamen-Ei, Vanillepaste und Zucchini miteinander vermischen. Dann nur kurz unter die Mehlmischung rühren und darauf achten, dass nicht zu lange gerührt wird.

4.} Den Teig in eine Kastenform gießen und 45–50 Minuten backen. Der Kuchen ist fertig, wenn ein hineingestecktes Holzstäbchen größtenteils sauber und ohne rohen oder flüssigen Teig herauskommt. Den Quitten-Zucchini-Kuchen aus dem Ofen nehmen und 10–15 Minuten in der Form abkühlen lassen. Dann aus der Form nehmen und auf einem Küchenrost vollständig auskühlen lassen.

Tipp
Veganer Ei-Ersatz für 1 Ei: 1 leicht gehäufter EL gemahlene Leinsamen mit 3 EL Wasser verrühren und ca. 5 Minuten quellen lassen.

QUITTEN-DINKELBROT

Ein herzhaftes Brot mit Quittenmus, welches toll mit Käse oder Quittengelee schmeckt.

FÜR 1 LAIB

ZUBEREITUNGSZEIT: 15 MINUTEN
RUHEZEIT: CA. 1 STUNDE 30 MINUTEN
BACKZEIT: 30–35 MINUTEN

Zutaten

300 g Dinkelmehl Type 630
200 g Dinkelvollkornmehl
1 Pck. Trockenhefe
10 g Salz
60 g weiche Butter
100 ml Hafermilch
300 g Quittenmus (Seite 151)

Außerdem

1 Gusseisentopf mit Deckel

1.} Beide Mehlsorten mit der Hefe und dem Salz in eine Rührschüssel geben. Die Butter und die Hafermilch in einen Topf geben und lauwarm erhitzen. Dann zusammen mit dem Quittenmus zum Mehl geben. Auf der mittleren Stufe mit dem Knethaken ca. 8 Minuten kneten. Zu einer Kugel formen und abgedeckt 1 Stunde ruhen lassen.

2.} Den Teig auf einer Arbeitsfläche und zu einer straffen Kugel formen. Leicht mit Mehl bestäuben und nochmals etwa 30 Minuten ruhen lassen.

3.} In der Zwischenzeit den Backofen samt Gusseisentopf auf 250 °C Ober-/Unterhitze (höchste Stufe) vorheizen.

4.} Das Brot an der Oberfläche mit einem scharfen Messer einschneiden, in den heißen Topf setzen, den Deckel schließen und 10 Minuten backen. Dann den Deckel entfernen, die Temperatur auf 210 °C Ober-/Unterhitze reduzieren und das Brot weitere 20–25 Minuten knusprig braun backen. 5 Minuten vor Backende die Ofentüre einmal kurz öffnen. Das Brot aus dem Topf stürzen und auf einem Rost abkühlen lassen.

QUITTENMUS

Vegan

Dieses Quittenmus essen wir am liebsten als Brotaufstrich oder verwenden es für unser Quitten-Dinkelbrot (Seite 148).

FÜR CA. 500 G

ZUBEREITUNGSZEIT: 15 MINUTEN
KOCHZEIT: 40 MINUTEN
BACKZEIT: 2 STUNDEN

Zutaten
1 kg Quitten
175 ml Apfelsaft
1 TL Ceylon-Zimt
135 g brauner Zucker
2 EL Apfelessig

Außerdem
sterile Gläser
ofenfester Topf

1.} Die Quitten heiß abspülen und die pelzige Oberfläche gut abreiben. Dann vierteln, das Kerngehäuse großzügig herausschneiden und die Früchte in Stücke schneiden. Die Quitten in einen großen ofenfesten Topf geben, den Apfelsaft hinzufügen und zugedeckt etwa 40 Minuten köcheln lassen. Ab und zu umrühren.

2.} Den Backofen auf 175 °C Ober-/Unterhitze vorheizen.

3.} Dann die Quitten in einen Standmixer geben und sehr fein pürieren. Den Topf säubern. Nun Zimt, Zucker und Essig unterrühren und das Mus wieder in den Topf geben. Den offenen Topf im Backofen auf der zweiten Schiene von unten 2 Stunden backen, hierbei ab und zu umrühren. Das Mus ist fertig, wenn es leicht karamellisiert und cremig ist.

4.} Das fertige Quittenmus in sterile Gläser füllen und abkühlen lassen.

Tipp
Um eine lange Haltbarkeit zu gewährleisten, das Mus immer mit einem sauberen Löffel oder Messer aus dem Glas entnehmen. Es hält sich mehrere Wochen im Kühlschrank.

Vegan

EINGELEGTER KÜRBIS MIT QUITTE

Wir servieren den eingelegten Kürbis mit Quitte am liebsten zu einer Brotzeit mit frisch gebackenem Brot, z. B. dem Quitten-Dinkelbrot von Seite 148.

FÜR 2 GLÄSER À 750 ML

ZUBEREITUNGSZEIT: 20 MINUTEN
KOCHZEIT: 5 MINUTEN

Zutaten

1 Hokkaidokürbis (1 kg)
1 Quitte (280 g)
1 cm Ingwer
200 ml Apfelessig
150 g Zucker
1 ½ EL Salz
8 Pimentkörner
1 Gewürznelke
½ Zimtstange

1.} Den Kürbis putzen und die Kerne mit einem Löffel entfernen. Das Fruchtfleisch in schmale Spalten schneiden. Die Quitte gut abwaschen, vierteln und das Kerngehäuse entfernen. Dann in schmale Spalten schneiden. Den Ingwer schälen und in dünne Scheiben schneiden.

2.} Die übrigen Zutaten mit 250 ml Wasser in einen Topf geben und aufkochen. Kürbis, Quitte und Ingwer dazugeben und 5 Minuten kochen lassen.

3.} 2 Gläser heiß auskochen. Kürbis und Quitte gleichmäßig auf die Gläser verteilen und mit dem Sud bedecken. Die Gläser gut verschließen und abkühlen lassen und mindestens 1 Monat an einem kühlen, dunklen Platz ziehen lassen. Nach dem Öffnen im Kühlschrank aufbewahren.

Tipp

Für eine längere Haltbarkeit den Backofen auf 90 °C Ober-/Unterhitze vorheizen. Die Gläser in eine ofenfeste Pfanne stellen, diese mit heißem Wasser auffüllen (ca. 3 cm hoch) und den eingelegten Kürbis 20 Minuten einkochen.

KÜRBIS-QUITTEN-CHUTNEY

Vegan

Das Chutney essen wir am liebsten mit Bauernbrot und etwas würzigem Käse.

FÜR 2 GLÄSER À 300 ML

ZUBEREITUNGSZEIT: 10 MINUTEN
KOCHZEIT: 30–40 MINUTEN

Zutaten
450 g Hokkaidokürbis
160 g Quitte
140 g Schalotten
1 TL Senfkörner
¼ TL Zimt
1 Lorbeerblatt
60 g brauner Rohrzucker
200 ml Apfelessig
80 ml Apfelsaft
+ eventuell mehr

1.} Den Kürbis entkernen und in kleine Würfel schneiden, die Quitte gut abwaschen, entkernen und ebenfalls in kleine Würfel schneiden. Die Schalotten schälen und fein hacken.

2.} Nun mit den restlichen Zutaten in einen Topf geben und einmal aufkochen lassen. Bei geschlossenem Deckel 30–40 Minuten weich köcheln. Dabei ab und zu umrühren und ggf. mehr Apfelsaft hinzufügen, sollte die Flüssigkeit verkocht sein.

3.} Das Chutney in heiß ausgespülte Gläser abfüllen und abkühlen lassen. Es hält sich im Kühlschrank etwa 1–2 Wochen.

Tipp
Verwendet am besten Hokkaidokürbis, denn dieser braucht nicht geschält zu werden.

QUITTENGELEE

Vegan

Wenn die duftenden Quitten reif sind, machen wir jedes Jahr unser geliebtes Quittengelee. Aus dem übrig gebliebenem Quittenmus machen wir Konfekt (Seite 171).

FÜR 5 GLÄSER À 300 ML

ZUBEREITUNGSZEIT: 40 MINUTEN
KOCHZEIT: CA. 44 MINUTEN

Zutaten

2 kg Quitten
ca. 500 g Gelierzucker 2:1
½ TL Zimt oder das Mark einer Vanilleschote (optional)
2 EL Zitronensaft

1.} Die Quitten gut waschen, um den Flaum zu entfernen. Stiele, Blüten und Kerngehäuse entfernen und den Rest in grobe Würfel schneiden.

2.} Die Quitten in einen großen Kochtopf geben und mit Wasser bedecken. Einmal aufkochen lassen und etwa 40 Minuten bei mittlerer Hitze kochen, bis sie weich sind. Anschließend ein großes Sieb mit einem feuchten Passiertuch auslegen und über einen großen Topf hängen. Die Quitten hineingeben und den Saft abtropfen lassen. Die Früchte dabei nicht ausdrücken, damit der Saft klar bleibt. Die übrig gebliebene Fruchtmasse aufbewahren und z. B. Quittenkonfekt (Seite 171) daraus zubereiten.

3.} Den Quittensaft abmessen und auf einen Liter Saft 500 g Gelierzucker nehmen. Quittensaft, Zimt, Zitronensaft und Gelierzucker in einen Topf geben und bei starker Hitze unter Rühren etwa 4 Minuten sprudelnd kochen lassen. Unbedingt eine Gelierprobe machen (siehe Tipp).

4.} Das flüssige Gelee in heiß ausgespülte Twist-Off-Gläser füllen, gut verschließen und für 10 Minuten auf den Kopf stellen. Wieder umdrehen und vollständig erkalten lassen. Kühl und dunkel gelagert hält das Gelee 1 Jahr.

Tipp

Für die Gelierprobe zum Ende der Kochzeit 1 TL des heißen Gelees auf einen kalten Teller geben. Verläuft die Masse, ohne fest zu werden, das Gelee noch 1 Minute weiterkochen, dann die Gelierprobe erneut wiederholen. Wird die Masse nach kurzer Zeit fest, ist die Gelierprobe bestanden.

QUITTEN-ZUCCHINI-KÜRBIS-GALETTE

So einfach und so lecker. Meistens gibt es bei uns eine große Schüssel Feldsalat dazu.

FÜR 1 GALETTE

ZUBEREITUNGSZEIT: 20 MINUTEN
KÜHLZEIT: 30 MINUTEN
BACKZEIT: 40 MINUTEN

Teig

75 g Kürbiskerne
180 g Dinkelmehl Type 630
1 TL Salz
100 g Butter

Füllung

½ TL Koriandersamen
260 g Kürbis
270 g Zucchini
160 g Quitte
2 Schalotten
2 Zweige Rosmarin
100 g geriebener Cheddar
4 EL Olivenöl
Meersalz
schwarzer Pfeffer
¼ TL Cayennepfeffer

Außerdem

1 Eigelb

1.} Die Kürbiskerne in einer Pfanne ohne Fett anrösten und abkühlen lassen. In einen Mixer geben und fein mahlen. Zusammen mit dem Mehl, dem Salz, der Butter und 60 ml kaltem Wasser in eine Schüssel geben und mit den Händen zu einem Teig kneten. In Frischhaltefolie wickeln und 30 Minuten in den Kühlschrank stellen.

2.} Währenddessen für die Füllung den Koriander im Mörser zerstoßen. Kürbis, Zucchini und Quitte putzen, Kürbis und Quitte entkernen und alle drei auf der Mandoline in feine Streifen/Scheiben hobeln. Die Schalotten schälen und in feine Ringe schneiden. Die Rosmarinnadeln abstreifen und fein hacken.

3.} Kürbis, Zucchini, Quitte, Schalotten, Käse, Öl, Rosmarin und Gewürze in eine Schüssel geben und vermengen.

4.} Den Backofen auf 200 °C Ober-/Unterhitze vorheizen.

5.} Den Teig auf einem leicht bemehlten Backpapier rund ausrollen. Die Füllung mittig darauf verteilen und mit den überstehenden Teigrändern bedecken. Das Eigelb mit 2 EL Wasser verquirlen und den Rand damit bestreichen.

6.} Für 40 Minuten goldgelb backen. Sollten die Ränder zu dunkel werden, diese mit Alufolie oder Backpapier bedecken.

HERZHAFTER BLÄTTERTEIGSTRUDEL MIT WEIßKOHL UND QUITTE

Ein oder zwei Stücke lassen wir uns gerne mit einem Gläschen Federweißen schmecken.

FÜR 1 STRUDEL

ZUBEREITUNGSZEIT: 20 MINUTEN
KOCHZEIT: CA. 15 MINUTEN
BACKZEIT: 40 MINUTEN

Zutaten
500 g Weißkohl
1 Karotte
150 g Quitte
2 EL Bratöl
1 TL Kümmel
Meersalz
schwarzer Pfeffer
100 ml Gemüsebrühe
1 Rolle Dinkelblätterteig
150 g Fetakäse
2 Eier + 1 Eigelb zum Bestreichen
200 ml Sahne
Muskatnuss

Außerdem
1 Kastenform (25 cm)

1.} Den Weißkohl putzen und in feine Streifen schneiden. Die Karotte schälen und raspeln. Die Quitte waschen, entkernen und in kleine Würfel schneiden.

2.} 2 EL Öl in einer großen Pfanne erhitzen und den Weißkohl darin braun anbraten. Die Karotte, die Quitte und den Kümmel dazugeben und mit anbraten. Mit Salz und Pfeffer würzen. Mit 100 ml Brühe ablöschen und 10 Minuten garen. Beiseitestellen und abkühlen lassen.

3.} Den Backofen auf 200 °C Ober-/Unterhitze vorheizen. Eine Kastenform zunächst mit Backpapier, dann mit dem Blätterteig auslegen. Dabei sollte noch genug Teig überstehen, um die Füllung zu bedecken.

4.} Den Fetakäse zerkrümeln und unter das Gemüse mischen. Dann das Gemüse in die Form einfüllen. Die Eier und die Sahne verquirlen und mit Pfeffer, Salz und Muskatnuss würzen. Anschließend über dem Gemüse verteilen.

5.} Den überstehenden Teig über die Füllung legen und gut andrücken. Mit einer Gabel mehrfach einstechen und mit verquirltem Eigelb bestreichen. Auf der mittleren Schiene 40 Minuten goldbraun backen. Vor dem Anschneiden etwas abkühlen lassen.

PIMIENTOS-PFANNE MIT HIRSE UND QUITTEN

Vegan

Dank der Hirse ist dieses Gericht eine sehr gute Eisen- und Magnesiumquelle.

FÜR 1 PORTION ODER 2 VORSPEISEN

ZUBEREITUNGSZEIT: 10 MINUTEN
KOCHZEIT: 15 MINUTEN

Zutaten

80 g Hirse
200 g grüne Bratpaprika (Pimientos)
1 rote Zwiebel
80 g Cocktail-Tomaten
3 EL Olivenöl
Meersalz
1 Knoblauchzehe
125 g Kichererbsen (Dose)
½ Quitte
1 EL Tomatenmark
Chiliflocken (optional)
1 kleines Bund Petersilie
schwarzer Pfeffer

1.} Die Hirse nach Packungsanleitung zubereiten.

2.} Währenddessen die Pimientos waschen, die Zwiebel schälen und in Ringe schneiden. Die Tomaten halbieren.

3.} 2 EL Olivenöl in einer Pfanne erhitzen und die Pimientos darin kräftig anbraten. Die Zwiebeln und die Tomaten hinzufügen und salzen. Gut vermischen und 5 Minuten anbraten, dann in eine Schüssel geben.

4.} Die Pfanne mit einem Küchenpapier einmal auswischen und 1 EL Olivenöl darin erhitzen. Den Knoblauch schälen, fein hacken und darin anbraten.

5.} Die Kichererbsen abwaschen und in einem Sieb kurz abtropfen lassen. Die Quitte waschen, entkernen und in kleine Würfel schneiden. Beides in die Pfanne geben und kurz mit anbraten. Das Tomatenmark dazugeben, gut vermischen und anrösten lassen, dann mit 150–200 ml Wasser ablöschen und alles 5 Minuten köcheln lassen. Wer mag, gibt nun einige Chiliflocken dazu.

6.} Die Petersilie hacken. Die Kichererbsen zu den Pimientos geben und mit der Hirse und der gehackten Petersilie mischen. Mit Salz und Pfeffer abschmecken.

QUITTEN-KÜRBIS-QUICHE

Eine leckere herbstliche Quiche – dazu passt ein knackig grüner Salat.

FÜR 1 QUICHE

ZUBEREITUNGSZEIT: 20 MINUTEN
BACKZEIT: 30–35 MINUTEN

Teig

170 g Dinkelmehl Type 630
1 TL Backpulver
½ TL Meersalz
1 Ei
3 EL Olivenöl
75 g griechischer Joghurt

Füllung

250 g Hokkaidokürbis
130 g Quitten
3 Zwiebeln
Öl zum Anbraten
1 TL frische Thymianblätter
1 TL frische Majoranblätter
2 Eier
200 ml Schlagsahne
Muskatnussabrieb
Meersalz
schwarzer Pfeffer
80 g geriebener Weinkäse oder ähnlicher Käse

Außerdem

1 Quicheform

1.} Das Mehl, das Backpulver und das Salz in eine Schüssel geben und mischen. Das Ei, das Öl und den Joghurt hinzugeben und alles mit einem Löffel verrühren. Dann mit den Händen zügig zu einem glatten Teig kneten.

2.} Auf einer gut bemehlten Arbeitsfläche den Teig rund ausrollen. Eine Quicheform fetten und den Teig in die Form legen. Überstehende Ränder nach Wunsch abschneiden.

3.} Den Backofen auf 200 °C Ober-/Unterhitze vorheizen.

4.} Den Kürbis und die Quitten gut abwaschen, entkernen und dann in dünne Streifen schneiden. Die Zwiebeln schälen und fein würfeln. Etwas Öl in einer Pfanne erhitzen und die Zwiebeln darin anbraten. Den Kürbis, die Quitten und die Kräuter dazugeben und mitdünsten.

5.} Eier, Sahne, Muskatnussabrieb, Salz und Pfeffer verquirlen.

6.} Das Gemüse auf den Teigboden geben, mit der Eiermischung übergießen und mit dem Käse bestreuen.

7.} Die Quiche im Backofen für 30–35 Minuten goldbraun backen. Nach dem Backen 10 Minuten abkühlen lassen und dann servieren.

KÜRBIS-QUITTEN-EINTOPF

Vegan

Ein wunderbar wärmender Eintopf. Dazu passt ein mit Gurken und Minze verfeinerter Joghurt, Pita oder Reis und/oder verschiedene Kräuter.

FÜR 4–6 PORTIONEN

ZUBEREITUNGSZEIT: 15 MINUTEN
KOCHZEIT: 1 STUNDE

Zutaten

800 g fester Kürbis (z. B. Hokkaido- oder Muskatkürbis)
500 g Kichererbsen (Abtropfgewicht)
3 Karotten
200 g Quitten
2 rote Zwiebeln
5–6 EL Sonnenblumenöl
1 ½ TL Kurkuma
½ TL Ceylon-Zimt
schwarzer Pfeffer
2 Lorbeerblätter
1 Prise Rübenzucker
1 EL Tomatenmark
600–700 ml Gemüsebrühe
400 g Schältomaten
Muskatnussabrieb
Meersalz

Tipp

Karotten, Quitten und Hokkaidokürbis mit einer Wurzelbürste unter Wasser gut abbürsten. Dann muss man sie nicht schälen.

1.} Den Kürbis entkernen und ggf. schälen (Muskatkürbis). Danach in ca. 1 cm große Stücke schneiden und beiseitestellen.

2.} Die Kichererbsen in ein Sieb geben, abspülen, abtropfen lassen und beiseitestellen. Die Karotten gut waschen, putzen und in Scheiben schneiden. Die Quitten gut waschen, entkernen und in sehr feine Stücke schneiden.

3.} Die Zwiebeln schälen und in feine Stücke schneiden. Im Öl in einem geeigneten Topf anbraten und etwas Farbe nehmen lassen. Kurkuma, Zimt, Pfeffer, Lorbeerblätter und Rübenzucker dazugeben. Dann das Tomatenmark dazugeben und ebenfalls mit anbraten. Nun alles mit der Gemüsebrühe ablöschen und aufkochen lassen. Die Karotten, die gehackten Schältomaten und die Kichererbsen dazugeben und ca. 15 Minuten köcheln lassen.

4.} Dann den Kürbis und etwas Muskatnussabrieb dazugeben und nach ca. 20 Minuten mit Meersalz abschmecken. Jetzt die Quittenstückchen unterrühren und nochmals für 25 Minuten auf kleiner Flamme garen.

5.} Zum Schluss die Lorbeerblätter entfernen und den Eintopf in schönen Schüsseln anrichten.

SCHOKOLADEN-QUITTEN-MINI-GUGELHUPFE

Diese süßen Gugelhupfe machen auch optisch etwas her. Zum Verschenken wickeln wir die kleinen Törtchen in Seidenpapier und verschnüren sie mit einem schönen Band. Oder wir hängen sie an den Tannenbaum.

FÜR 6 KÜCHLEIN

ZUBEREITUNGSZEIT: 15 MINUTEN
BACKZEIT: 15 MINUTEN

Zutaten

50 g Zartbitter-Schokolade
50 g weiche Butter + etwas für die Förmchen
35 g Zucker
1 Ei
1 Msp. Vanillemark
1 Prise Salz
100 g Quitte
40 g Mehl
2 EL gemahlene Mandeln
¼ TL Backpulver
3 g Kakaopulver
2 EL Schokodrops
2 EL Sauerrahm

Außerdem

Mini-Gugelhupfförmchen
Kuvertüre oder Puderzucker zum Bestäuben (optional)

1.} Den Backofen auf 180 °C Ober-/Unterhitze vorheizen. Die Mini-Gugelhupfförmchen gut fetten.

2.} Die Schokolade hacken und über dem Wasserbad schmelzen lassen. Etwas abkühlen lassen. Butter, Zucker, Ei, Vanille und Salz in eine Schüssel geben und mit den Quirlen des Handrührers cremig-schaumig schlagen.

3.} Die Quitte gut abwaschen, entkernen und raspeln.

4.} Die flüssige Schokolade unter die Butter-Zucker-Mischung rühren. Mehl, Mandeln, Backpulver, Kakaopulver und Schokodrops mischen und mit dem Sauerrahm unter den Teig mischen. Die geraspelte Quitte hinzufügen.

5.} Den Teig in die Förmchen füllen und für 15 Minuten backen. Aus dem Ofen nehmen, kurz abkühlen lassen und dann aus den Förmchen nehmen. Auf einem Gitter auskühlen lassen.

6.} Wer mag, kann die Gugelhupfe noch in flüssige Kuvertüre tauchen oder mit Puderzucker bestäuben.

QUITTENKONFEKT „DULCE DE MEMBRILLO"

Vegan

Beim Einkochen von Quittengelee (Seite 156) bleibt Quittenmasse übrig. Mit diesem Fruchtmus lässt sich das köstliche Quittenkonfekt/-brot zubereiten.

FÜR 1 BACKBLECH

ZUBEREITUNGSZEIT: 20 MINUTEN
KOCHZEIT: 30–50 MINUTEN
BACKZEIT: 1 STUNDE

Zutaten

1 kg Quittenmus (Seite 156)
1 kg Zucker
2 EL Zitronensaft
feiner Zucker zum Wenden

1.} Für das Quittenkonfekt wird die übrig gebliebene Quittenmasse von dem Quittengelee auf Seite 156 verwendet. Die Quittenmasse fein pürieren. 1 kg Quittenmus mit 1 kg Zucker und 2 EL Zitronensaft in einen hohen Topf geben und gut verrühren, bis sich der Zucker aufgelöst hat. (Sollte es weniger als 1 kg Quittenmus sein, die anderen Zutaten entsprechend reduzieren.)

2.} Einmal kurz aufkochen und bei geringer Hitze und unter regelmäßigem Rühren 30–50 Minuten eindicken lassen. Die Masse ist fertig, wenn sie sich unter Rühren vom Topfboden löst.

3.} Die Masse auf ein mit Backpapier ausgelegtes Backblech streichen und bei 80 °C Umluft und leicht geöffneter Ofentüre 1 Stunde trocknen lassen.

4.} Bei Zimmertemperatur über Nacht nachtrocknen lassen. Sobald man das Quittengelee vom Backpapier lösen kann, ist es fertig. Dann in Würfel schneiden und in Zucker wenden. Zum Aufbewahren in einer Blechdose zwischen Butterbrotpapier schichten.

MARZIPANWAFFELN MIT QUITTENKOMPOTT

Diese Waffeln mit Marzipan und Gewürz-Kompott erinnern uns an die Weihnachtszeit.

FÜR 4–5 WAFFELN

ZUBEREITUNGSZEIT: 15 MINUTEN
RUHEZEIT: 20 MINUTEN
KOCHZEIT: 15 MINUTEN

Teig
85 g weiche Butter + ggf. etwas zum Fetten des Waffeleisens
60 g brauner Zucker
2 Eier
110 g Weizenmehl
1 TL Backpulver
50 g gemahlene Haselnüsse
120 ml Pflanzenmilch
40 g Marzipanrohmasse

Quittenkompott
500 g Quitten
125 g Zucker
½ TL Ceylon-Zimt
1–2 Gewürznelken

1.} Die Butter und den Zucker mit dem Handrührer schaumig schlagen. Die Eier nach und nach unterrühren. Das Mehl mit dem Backpulver und den Nüssen mischen und abwechselnd mit der Milch unter die Butter-Ei-Masse rühren. Das Marzipan grob raspeln und unter den Teig rühren. Den Teig 20 Minuten ruhen lassen.

2.} Währenddessen die Quitten schälen, das Kerngehäuse entfernen und die Quitten in Spalten schneiden.

3.} 250 ml Wasser mit dem Zucker und den Gewürzen aufkochen. Die Quitten hinzufügen und 15 Minuten köcheln lassen. Anschließend das Kompott in Gläser füllen und abkühlen lassen.

4.} Das Waffeleisen bei Bedarf einfetten. Den Teig portionsweise in das heiße Waffeleisen geben und goldbraun backen. Mit Quittenkompott servieren.

QUITTEN-SHRUB

Am besten schmeckt dieser Quitten-Shrub mit einer Handvoll Eiswürfel und kaltem Sodawasser, passt aber auch wunderbar mit Sekt als Aperitif.

FÜR 500 ML

ZUBEREITUNGSZEIT: 20 MINUTEN
RUHEZEIT: 3 TAGE

Zutaten
345 g Quitten
1 Grapefruit
250 g Honig
1 kleine Stange Zimt
ca. 150 ml Apfelessig

Außerdem
1 Schraubglas à 500 ml
1 Glasflasche à 500 ml

1.} Die Quitten gut waschen, vierteln, das Kerngehäuse herausschneiden und die Früchte dann in kleine Würfel schneiden. Die Schale der Grapefruit abschneiden und das Fruchtfleisch in Stücke schneiden. Die Quitte und die Grapefruit in ein Schraubglas geben und die Früchte etwas zerdrücken. Dann den Honig und den Zimt dazugeben.

2.} Ein Pergamentpapier zwischen Deckel und Glas einklemmen, damit der Deckel nicht korrodiert, und das Glas dann für 3 Tage in den Kühlschrank stellen. Jeden Tag das Glas ein- bis zweimal kräftig schütteln.

3.} Am dritten Tag den Fruchtsirup durch ein feines Sieb geben, in ein sauberes, verschließbares Glas oder eine Flasche füllen und mit Apfelessig auffüllen. Kühl lagern.

4.} Zum Servieren 2–3 EL Shrub mit kohlensäurehaltigem Wasser verdünnen. Nach Belieben noch Eiswürfel hinzufügen.

Tipp
Dieser Shrub hält sich ca. 1–2 Wochen im Kühlschrank.

REGISTER
NACH ALPHABET

REGISTER
NACH OBSTSORTEN

Äpfel

Birnen

Quitten

DIE AUTOREN

Kathrin ist mit ganzem Herzen Foodbloggerin, Köchin, Fotografin, Bäckerin und Partnerin. Sie lebt mit ihren fünf Hühnern und der Familie im wunderschönen Herrenberg, einer ca. 30.000 Einwohner zählenden kleineren Stadt unweit des Schwarzwaldes. Sie genießt es, ihre Follower und Leser mit immer wieder neuen kreativen, meist einfachen und vegetarischen Rezepten zu begeistern. Dabei liebt sie besonders Gebackenes und sämtliche Arten von Desserts, denn diese isst sie selbst sehr gern, und die Zubereitung, das Arrangement der Speisen und das Fotografieren bereiten ihr daher besonders große Freude. Mit ihrem Partner Ramin bespricht sie Themen wie Ästhetik, Farben, Texte und Inhalte der Kochbücher oder sie diskutieren gemeinsame Reiseziele.

Ramin liebt besonders die spontane Zubereitung von herzhaften Speisen und die Vielfalt und die Herausforderungen, stets neue Rezepte zu kreieren. Dabei hilft ihm auch, dass er multikulturell aufgewachsen ist. So konnte er schon in frühester Kindheit in die Töpfe der Welt blicken und Gefallen an den verschiedensten Zutaten und Zubereitungsweisen finden.

Zusammen sind sie ein gutes Team, das sich gegenseitig unterstützt und prima ergänzt. Sie bloggen unter www.klaraslife.com oder auf Instagram @klaraslife. Bei Thorbecke erschienen von ihnen bereits die Kochbücher „Klaraslife“, „Wurzelgemüse“ und „Warm & süß – Nachtische aus dem Ofen“.

Kathrin Salzwedel & Ramin Madani

Warm & süß – Nachtische aus dem Ofen

Verführerische Rezepte für jeden Tag

184 Seiten
19 x 26 cm
Mit zahlreichen Fotos
ISBN 978-3-7995-1564-1

Der Duft von frisch gebackenen Bratäpfeln mit Nussfüllung oder Birnen-Quark-Grießauflauf – nichts vermittelt uns so sehr das Gefühl zu Hause zu sein wie süße Seelenschmeichler aus dem Backofen. Fast vergessene Klassiker wie Pfitzauf, Arme Ritter oder Ofenschlupfer und moderne Rezepte wie Bananen-Scones, Aprikosen-Cobbler oder Blaubeer-Pflaumen-Streusel-Bars zaubern uns ein Lächeln auf die Lippen.
Die besten Rezepte für süße Hauptgerichte, warme Nachtische und Desserts aus dem Ofen!

Kathrin Salzwedel & Ramin Madani

Wurzelgemüse

Vegane und vegetarische Rezepte für kalte Tage

232 Seiten
19 x 26 cm
Mit zahlreichen Fotos
ISBN 978-3-7995-1523-8

Wurzelgemüse wie Sellerie, Rote Bete, Karotte oder Pastinake gehören zu den typischen Wintergemüsen. Sie sind lange haltbar und bereichern unsere Winterküche mit ihren wunderbar erdigen oder knackig-frischen Aromen. Neue herzhafte und sogar süße vegane und vegetarische Rezepte mit bekannten und fast vergessenen Wurzelgemüsesorten sowie Rezept-Klassiker mit neuem Dreh sorgen dafür, dass uns die Gemüseküche nie langweilig wird.